AF235670

# Ich bin also im Gepäcksnetz gestorben

# Ich bin also im Gepäcksnetz gestorben

## Reisetagebücher aus den wilden Jahren

Hans Bednar

Illustrationen und Umschlagfoto: Hans Bednar
Satz und Cover: Katharina Urbanek

ISBN  9783755752141
Herstellung und Verlag: BoD - Books on Demand Norderstedt

# INHALT

# VORWORT

Frühjahr 2020. Etwas in unserer Zeit noch nie Dagewesenes hält das Land, ja die ganze Welt in seinem Bann: eine Virusepidemie, die bei uns Corona-Krise genannt wird. Niemand soll das Haus verlassen, die Enkel sollen die Großeltern meiden, die Schulen sind geschlossen, wer kann, arbeitet zu Hause am Computer. Keine Flugzeuge am Himmel. Kein Reisen in die weite Welt.

Das ist der Moment, die Innenwelt meines Zimmers zu erforschen. Und so stoße ich auf alte Manuskripte, Text- und Bildskizzen, alte Tagebücher in exotische Schulhefte gekritzelt und und und. Je mehr ich krame und lese, desto mehr kippe ich in diese alte Welt.

Wie auf einem Flohmarkt finde ich unter einigem an Schund und Mittelmäßigkeit auch ein paar Kostbarkeiten, oder was ich dafür halte. Zu diesen Schätzen zählen die Reisetagebücher, die ich im Alter zwischen 19 und 31 Jahren geschrieben habe.

Zugegeben, die Texte, die ich damals geschrieben habe, sind keine literarischen Höhenflüge. Manches kommt mir heute platt vor, nach heutigem Dafürhalten unkorrekt. Aber die Erlebnisse selbst! So schlägt man sich nur durch die Welt, wenn man so jung ist. Einige der Manuskripte sind schon abgetippt, schon vor Langem wollte ich sie veröffentlichen. Sind sie das aus meiner heutigen Sicht wert? Wenn ja, so wie sie sind? Einiges ist gut erzählt, anderes im Dialekt, manches recht deftig. Sich so auszudrücken gehörte damals für unsereins dazu. Ich fürchte, meine Enkel werden für die Dialektpassagen einen Übersetzer brauchen, falls es dann noch Kundige gibt. Bei der jetzigen Bearbeitung der Tagebücher habe ich nichts Wesentliches geändert, zwar einiges weggelassen, aber kaum etwas hinzugefügt. Das sollen keine Memoiren sein, sondern eben Tagebücher.

Es war eine Zeit, in der für uns die Welt weit offen stand, wir waren davon überzeugt, dass sich die Welt zum Besseren drehen würde. Viele träumten von einer Revolution, und damit war für uns auch eine sexuelle Revolution gemeint. So ist Sex auch immer wieder ein Thema. Wir waren ja gerade in unseren Zwanzigern.

"Auf nach Amerika" beschreibt die Schiffsreise und den Autostopp-Alltag der Reise, die ich 1967 gemeinsam mit meinem Schulkollegen Christian im Anschluss an die Matura unternommen habe. Die Reisenotizen hören leider bald einmal auf, über den eigentlichen Höhepunkt der Reise - San Francisco im "summer of love" - ist leider kein Tagebuch erhalten.

Meine wohl dramatischste Reise führte mich vier Jahre später über die Levante und Ägypten in den Sudan, der gerade von einem Staatsstreich erschüttert wurde und auch damals schon Schauplatz eines Bürgerkriegs war. In meiner Naivität hatte ich von alldem zu Reisebeginn keine Ahnung. Ich hatte das Schuljahr zuvor als Austauschlehrer in England verbracht. Von dort aus hatte ich per Briefpost mit einem anderen Schulkollegen, Michl, vereinbart, dass wir uns an einem bestimmten Tag zu einer bestimmten Zeit in Alexandria am Bahnhof treffen und dann nilaufwärts fahren wollen. Wir liefen einander aber schon in Beirut über den Weg, Michl hatte unerwarteterweise ein Mädchen mitgenommen, Vroni. Sie arbeitete schon als Lehrerin und musste die Reise in Khartoum abbrechen, Michl und ich fuhren zu zweit weiter und es war gar nicht einfach, wieder heil zurückzukommen.

1974 ergab sich die Möglichkeit, an einer Arbeitsbrigade in Kuba teilzunehmen. Wir erlebten das Land in einer Aufbruchsstimmung und waren begeistert.

Im Herbst dieses Jahres schloss ich mein Studium ab und hatte vor, bis zu meinem Arbeitsbeginn ein

Jahr lang durch die Welt zu fahren. Ich hatte während des Studiums immer wieder als Schilehrer gearbeitet, diesmal blieb ich die ganze Wintersaison über in Saalbach. Gereist bin dabei nicht ich, stattdessen sind jede Woche neue Gäste – darunter auch Mädchen – ins Skidorf gekommen.

Mit meinem Freund Norbert, den ich von Kuba her kannte, flog ich im kommenden Sommer nach Indonesien. Norberts Schwager arbeitete zu dieser Zeit in Djakarta an der österreichischen Botschaft. Nach ein paar Tagen in dieser Umgebung fuhren wir auf eigene Faust durchs Land. In Lombok wohnte ich ca. eine Woche mit einigen einheimischen Burschen zusammen, die ein Taxi betrieben. In dieser Zeit sah ich keinen einzigen weißen Touristen in Lombok. Auf dieser Reise sind nur einige bruchstückhafte Impressionen entstanden. Damals bin ich schon mehr dazu übergegangen, meine Reiseeindrücke in Zeichnungen festzuhalten.

Unter die Reiseberichte habe ich an dieser Stelle ein paar kurze gereimte und ungereimte Texte gemischt. Eine kleine Auswahl von vielen Texten, in denen ich versuchte, Momente einzufangen. Und ein paar Kostproben meiner nicht-autobiographischen Kreativität. Diese Texte zeitlich einzuordnen wäre schwierig. Die meisten von ihnen fallen in dieselben Jahre wie die Tagebücher.

Bei der nächsten hier beschrieben Reise, einer Osterreise in die Provence, bin ich zu Fuß und per Autostopp durch das Land getingelt und habe alten Freundinnen Besuche abgestattet. Es ergibt sich ein Blick auf das Beziehungstohuwabohu dieser Zeit. Ich arbeitete damals schon seit vier Jahren als Lehrer, die Reise fiel in die Osterferien des Jahres 1979. Zu dem Zeitpunkt wusste ich noch nicht, dass ich schon am Herbst desselben Jahres in Montpellier ein weiteres Studium beginnen und zwei Jahre später statt als Doktor als frischgebackener Vater nach Österreich zurückkehren würde.

So gehen die wilden Jahre auch bald vorbei, die Reiselust nicht so schnell. In einem Brief aus Kanyanga erzähle ich von meinem Alltag als Landkartenzeichner in einem entlegenen Dorf in Sambia. Ich schrieb diesen Brief 1985 an meine damalige Freundin und heutige Frau Traude. In mehreren Folgejahren arbeitete ich jeweils im Sommer als Geograph bei Entwicklungshilfeprojekten mit.

Von etlichen Reisen gibt es keine Tagebücher. Eine davon möchte ich trotzdem hier erwähnen: 1968 lud mich wiederum ein Schulkollege, Franz Horner, zu einer Faltbootfahrt ein, die uns auf der Donau nach Bulgarien führen sollte. In Jugoslawien beschlossen wir, das Boot heimzuschicken und per Autostopp weiterzureisen. Franz wollte zu seiner

Sneja nach Sofia, ich hatte keinen Plan und fuhr immer weiter, bis ich auf Umwegen über Griechenland und die Schwarzmeerküste in Persien landete. Dort drehte ich um. Von dieser Reise gibt es keine Texte oder Bilder, nur solche in meinem Kopf. Z.B eine Fahrt auf der Ladefläche eines kleinen Lastwagens, eingepfercht unter dutzenden Schafen, durch das großartig öde Anatolien. Franz ist Jahre später von einer Radtour in Tibet nicht mehr zurückgekommen.

Die Texte unterscheiden sich stark voneinander. Ich habe sie in ihrer zeitlichen Abfolge angeordnet. Zwischen 19 und 31 ändert sich viel, die Sprache, die Art der Erlebnisse, die Beziehungen und so stammt jedes Tagebuch aus einer anderen Welt. Auch die Illustrationen spiegeln diese Veränderung, sie sind weitgehend auf den jeweiligen Reisen entstanden, mit Ausnahme der Bilder zur Fahrt in den Sudan, die ich viel später gemalt habe.

Ich hoffe, dir liebe/r Leser/in, bereitet die Lektüre einiges Vergnügen.

Juni 2020

# AUF NACH AMERIKA!

*Per Autostopp über Paris nach Le Havre. Mit dem Schiff über den Atlantik. Einige Tage bei Freunden in New York. Besuch meiner Schwester in Traverse City, Michigan. Geldverdienen im Schlachthof und auf der Farm. Ein Abstecher nach Montreal, dann quer durch Kanada Richtung Vancouver.*

Freitag, 16. Juni 1967

Wir sitzen (bzw. liegen) gerade in einem Feld in der Normandie. Wir hatten gar nicht vorgehabt, uns hier umzusehen, aber das Stoppen ging so gut, daß uns viel Zeit blieb. Am Montag kamen wir bis Baden-Baden. Unser Regenschirm, auf den wir LE HAVRE - NEW YORK geschrieben hatten, wirkte vor allem auf Amerikaner. Auch in Karlsruhe ging es verhältnismäßig schnell weiter. Wenn es regnete, saßen wir immer in Autos. Gegen Abend wurde es schön. In Baden - Baden kontrollierte uns die Polizei, blieb aber harmlos. Wir schliefen in der Nähe der Autobahn in einem Föhrenjungwald.

Dienstag, 13.6., hatten wir Glück und Pech. Zuerst nahm uns jemand direkt bis Strasbourg mit, dort standen wir 2 1/2 Stunden, wurden durch die Stadt geführt und erwischten ohne Warten ein Auto bis La Houguette. Dort warteten wir geschlagene 4 Stunden, dafür ging es dann bis Paris.

Am Bahnhof am Montparnasse lassen wir das Gepäck (4 Franc). Wir durchstreifen in dieser Nacht das Quartier Latin und verlieren uns am Boulevard Saint Michel aus den Augen. Ich trinke ein Bier, lerne eine Deutsche kennen und komme daher nicht mehr rechtzeitig zurück. Nach einer durchlaufenen Nacht - zum Schlafen ist es zu kalt - hole ich mir den Schlafsack und lege mich ans Seine-Ufer. Nach 3 Stunden verjagt mich die Polizei. Ich zigeunere mit meinem Schlafsack an der Seine umher und treffe in einem Park bei der Notre Dame Christian. Es war vorauszusehen, daß wir uns auf einer Bank an der Seine treffen würden, da wir beide sowohl Schlaf als auch Sonne nötig haben. Also schlafen wir jetzt gemeinsam in der Sonne.

Als es uns genügt, wollen wir Trine besuchen, die wir im Vorjahr kennengelernt haben. Auf der Suche nach der norwegischen Botschaft (sie arbeitet dort) kommen wir zu Fuß durch halb Paris. Vom Palais Luxembourg wandern wir bis zur Rue Pigalle. Die Botschaft finden wir nicht. Jeder nennt uns eine andere Adresse, wir werden von einer Straße in die andere geschickt (zum Teil auch, weil wir das Französisch wenig verstehen), bis wir darauf kommen, daß die Botschaft in ein anderes Viertel übersiedelt ist. Das gibt uns den Rest. Wir geben auf und setzen uns in ein Lokal. Dort trinken wir Milch. Je mehr wir trinken, desto größer wird der Durst. Seit Linz haben wir nur eine Flasche Orangeade gemeinsam getrunken (in 2 1/2 Tagen). Wir trinken alles, was wir bekommen: Milch, Wasser, Orangeade, Wein. Nach einigem Suchen finden wir die Jugendherberge. Dort machen wir Bekanntschaft mit drei Amerikanern, die uns nach Kalifornien einladen.

Am Abend streifen wir in der Gegend um den Place Pigalle umher. Um das letzte Geld kaufen wir eine Flasche Wein, eingelegte Heringe und Oliven. Ich schnorre dazu noch eine Handvoll Brot und dann kann es losgehen. Auf einer Bank sitzend lassen wir es uns gut gehen und unterhalten uns mit den Passanten (oder besser: auf Kosten der Passanten). Wir prosten allen zu und wollen die vorüberfahrenden Autos taufen (alle auf den Namen Fipsi). Ich glaube, wir sind die einzigen Touristen, die Paris feiern, ohne vom großen Touristennepp eingefangen zu werden. Wir machen uns unseren Spaß selber. Mit der halbvollen Flasche wandern wir weiter. Einem Clochard bieten wir einen Schluck Wein an, wir sind gleich gute Bekannte. Er meint, er hätte etwas für uns und packt ein paar Schuhe aus. Wir tauschen, er hat nun die Flasche und wir die Schuhe (Wir tragen sie noch heute, jeder einen, in unserem Rucksack mit. Sie sind gar nicht so schlecht, abgesehen davon, daß beide ein Loch haben). Jeder einen schwarzen und einen weißen Schuh an, laufen wir weiter. Mit unseren restlichen 20 Centimes wollen wir in ein Nachtlokal, können aber den Hinausschmeißer nicht dazu bewegen, uns hineinzulassen. Auch bei den Huren geht nichts um 20 Centimes. Die sind übrigens ganz hübsch in Paris, im Gegensatz zu Linz. Kurz vor Torschluß kommen wir in die Jugendherberge und schlafen uns dort endlich einmal aus.

Donnerstag, 15.6.

Wir beschließen, Paris zu verlassen. Es ist zu teuer, auch wenn man nichts ausgibt. Die Nacht hat 6 Franc gekostet. Wir gehen über den Montmartre (Sacré Coeur) zu einer Ausfahrtsstraße und kommen schnell weg. Unser Schiff nach New York fährt erst in fünf Tagen, wir haben also viel Zeit bis Le Havre. So betreiben wir das Stoppen nur nebenbei, wir lassen den Schirm für uns arbeiten. Wir selbst liegen in der Sonne oder sehen uns um Essen um. Neben unserem nächsten Warteplatz liegt ein Erbsenfeld. Erbsen allein werden auf die Dauer fad. Wir brauchen Brot, ich gehe daher zum nächsten Haus und frage. Die Frau gibt uns gleich eine ganze Stange, dazu ein Glas Marmelade und Käse. Das hebt unsere Stimmung noch mehr. Wir liegen auf einem Heuhaufen, essen, trinken und sonnen uns. Drei Autos (einer davon ist stehen geblieben, ohne daß wir stoppten) weisen wir ab, weil sie nur bis Pontoise fahren. Den vierten, auch nach Pontoise, nehmen wir. Von Pontoise kommen wir auch schnell weg, bis Richeville. Dort betreiben wir nur mehr Nobel-Stoppen. Wir stellen unser Zeug auf, legen uns in die Sonne, wenn ein Auto kommt, winken wir mit der Hand unter dem Schirm hervor.

Wir wollen eigentlich nicht mehr weiter. So gefällt es uns: kein Zeitdruck, schönes Wetter, kein Hunger. Eine Flasche Bier hätte uns noch gefehlt.

Die Umgebung ist recht hübsch. Nicht die Landschaft, aber die Dörfer mit den kleinen Fachwerkhäusern mit einem oft sehr gepflegten Hof. Viele Häuser sind mit Wein verwachsen und so wirken die Dörfer alt und verschlafen. Mir gefällt das richtig. Im Zentrum steht meist eine gotische oder normannische Dorfkirche.

Wir entschließen uns, von einem Dorf ins andere zu gondeln, bis wir in Le Havre ankommen. Christian will unbedingt ans Meer zum Baden. (Heute, Freitag, waren wir am Meer. Uns war sogar im dicken Walkjanker kalt.)

Endlich wieder 5 km weiter.

Verständigung

All Tägliche Mahlzeit.

BROT

Brot-Wurst-
Tee

oder:
Wurst-Brot.
Tee

oder:
Tee-Wurst-
Brot

oder:
Wurst-Tee-
Brot

Oder:

Tee

Während wir uns schon um eine Schlafstelle um-
sehen, klaubt uns eine sehr nette Lehrerin auf. Sie
führt uns in ein anderes, genauso verschlafenes
Dorf. Wir wollen unbedingt von ihr eingeladen werden (sie hat auch eine hübsche Tochter), so stoppen
wir an einer möglichst ungünstigen Stelle und führen dabei noch recht ein Theater auf. Während wir
singen und mit dem Hut wacheln, bleibt ein Autobus
stehen und nimmt uns mit, bis 50 km vor Le Havre.
Wir sind fest davon überzeugt, daß uns die Lehrerin
eingeladen hätte, wenn wir noch länger gestanden
wären. Einmal kam sie aus dem Haus, wir warteten
auf die Einladung, sie aber sagte uns nur, daß wir
sehr ungünstig stehen. Wir übernachten in Yvetot
auf der Tribüne eines Fußballplatzes.

Freitag, 16. 6.

Dort schliefen wir sehr lange, bis uns ein Arbeiter aufweckte, der zu mähen anfing. Wir packten
schnell zusammen, als wir fertig waren, sah er uns.
Wir verflüchtigten uns, als ob nichts gewesen wäre,
und stoppten direkt vor den Fußballplatz. Wieder
nahm uns eine - diesmal junge - Lehrerin mit, die
nach Fecamp fahren wollte. Wir änderten unseren
Plan und stiegen ein. Sie zeigte uns die Stadt, ein
richtiges Fischernest, in einer Bucht umrahmt von

steilen Kreidefelsen. Der Wind blies kalt, die Wellen schlugen ans Ufer, alles zusammen rau und gewaltig. Es wäre sehr schön gewesen, dort zu bleiben, wenn das Wetter freundlicher wäre. Aber hier bläst es dauernd. Wir blieben daher der Lehrerin treu und gelangten so ins Landesinnere. Wo sie uns absetzte, machten wir es uns auf einem Strohhaufen gemütlich, kochten, schliefen und schreiben jetzt Tagebuch. Mit einem Wort: wir faulenzen. Soeben kam die Lehrerin mit ihren Schülern vorbei. Sie wurde ganz rot.

Samstag, 17.6.

Gestern legten wir uns bald nieder und schliefen wieder lange (bis 9h) in unserem Strohhaufenquartier. Es wird hier ca. um eine Stunde später finster, das fällt mir erst jetzt auf. Weil es zu nieseln begann, brachen wir auf und stoppten von Goderville weiter nach Le Havre. Vor Le Havre fanden wir einen Heustadel, in dem wir bis Montag wohnen werden. Wir essen, schlafen und lesen den ganzen Tag. Linz kommt uns zeitlich schon recht weit weg vor. Trotzdem muß ich jetzt, da wir so viel Zeit haben, immer wieder an einige Dinge denken, die ich unerledigt ließ. So fiel mir heute ein, daß der Zaun nicht fertig geschnitten ist und es im Keller noch nach dem letzten Fest ausschaut (ich glaube es war das mit Christian, Evelyn, Inge und mir). Damals war die Sache mit Inge. Ich habe sie seither nicht gesehen.

Auf kurze Zeit habe ich jetzt das Schreiben unterbrochen. Wir haben uns gerade mit den Kühen, die hier weiden, und mit einem Hund unterhalten. Außerdem würfelten wir, wer Wasser holen müßte. Ich verlor, aber wir gingen beide. Außer dem Kochen und den Tieren gibt es keine Abwechslung. Wir freuen uns schon beide auf das Schiff, auf gutes Essen und Unterhaltung.

Mit dem Essen steht es jetzt sehr schlecht. Seit Paris haben wir kein französisches Geld mehr. Hier finden wir auch keine Möglichkeit zum Wechseln. Daher leben wir von unseren eigenen Vorräten: einmal täglich eine dicke Suppe, dazu naschen wir Traubenzucker und Schokolade. Abends trinken wir Tee und naschen wieder. Der Magen ist schon so klein, daß ich von einer Schüssel Suppe richtig satt werde. Da wir nur faul herumliegen, brauchen wir wenig Kalorien. Ohne jede Abwechslung wird das Faulenzen mit der Zeit fad. Außerdem wird die Kälte ungemütlich. Gestern hat es uns noch recht gefallen, das war die natürliche Reaktion auf die Erlebnisse in Paris. Jetzt aber schlagen wir nur mehr die Zeit tot. Ich bin schon gespannt auf die Überfahrt. Auf das Essen und das Waschen freue ich mich jedenfalls jetzt schon. Ich bin neugierig, ob in Le Havre Post für uns auf dem Postamt liegt. Wir werden zwar versuchen, noch vor der Überfahrt heimzuschreiben, aber ich bin mir nicht sicher, ob wir ohne Geld Briefmarken auftreiben werden. Bezüglich des Israelkonflikts wissen wir nichts Neues, es scheint sich aber nichts geändert zu haben, sonst hätten wir es in den Schlagzeilen gemerkt.

Sonntag, 18.6.

Wir schlafen (wieder einmal) lange und gehen dann zu Fuß die 9 Kilometer nach Le Havre. Bis wir den richtigen Quai finden, ist unsere Stimmung auf dem Nullpunkt. Alles wirkt wie ausgestorben, besonders im Hafen sieht es trostlos aus. Ich suche noch die Post, dann wollen wir zurückmarschieren. In einem Park lernen wir einen Studenten kennen, dem wir mit der Holzhammermethode eintrichtern, wie schlecht es uns geht. Er führt uns daraufhin zu seiner Mutter, und nach einigem Hin und Her werden wir zu einer Jause eingeladen (Kakao und Brot). Nachher führt uns der Student (er stammt aus Korsika) in der Stadt herum. Wir müssen die Zeit bis zum Abendessen überbrücken.

Das Abendessen:
1. Ei, Salat, Fisch
2. Huhn und Erbsen
3. Salat
4. Käse
5. Erdbeeren

Vorher trinken wir noch einen Aperitif, zu allem immer eine Menge Cidre (ein Mittelding zwischen Apfelsaft und Most, er schmeckt mir sehr gut). Nach den Essen habe ich Bauchweh. Mein Schrumpfmagen ist an solche Mengen nicht gewöhnt. Mir läuft heute noch das Wasser im Mund zusammen, wenn ich an dieses Essen denke. Die Franzosen verstehen zu essen!

Es war genau das Gleiche, als ich das erste Mal in Frankreich eingeladen wurde, vor zwei Jahren bei Cannes, damals hatte ich auch nachher Bauchweh. Christian muß jetzt die Unterhaltung allein weiterführen, ich bin k.o.. Im Fernsehen wird eine Reportage über den 2. Weltkrieg gezeigt (Tobruk). Es ist ein eigenartiges Gefühl, wenn wir daran denken, daß unsere Väter gegeneinander kämpften, wir aber jetzt friedlich miteinander speisen. Die Familie ist gegen die nationalistische Politik De Gaulles, die auch im Fernsehen ihren Niederschlag findet.

Gottseidank brechen wir bald auf. Sie geben uns noch Fahrkarten für den Autobus und begleiten uns zur Station. Um 11h kommen wir ins Heu.

Montag. 19.5.

Es wird am Morgen wieder spät, bevor wir dann nach Le Havre stoppen. Wir legen uns hier an den Strand. Christian wird von einem Mädchen geangelt, ich erledige einige organisatorische Sachen und hole die Post ab (2 Karten). Ich schreibe eine Karte heim, habe aber nur 10 Centimes für die Marke. Ich bin gespannt, ob die Karte ankommt.

Am Nachmittag besteigen wir das Schiff, das uns nach New York bringen soll. In der Kabine, die uns zugewiesen wurde, liegt schon ziemlich viel Gepäck und wir vermuten, in einem Raum gemeinsam mit Mädchen untergebracht zu sein. Es kommen aber immer mehr Burschen. Zum Schluß stellt sich heraus, daß der, den wir aufgrund seines Gepäcks für ein Mädchen gehalten haben, ein Libanese ist. Unsere Kabine: 5 Österreicher, 3 Amis, 1 Finne, 1 Libanese.

Dienstag, 20.6.

Wir wachen in Southampton auf. Untertags nichts Besonderes. Abends Tanz. Ich lerne ein Mädchen aus dem Iran kennen, Shuku. Hoffentlich...


Mittwoch, 21.6.

Wir wachen alle seekrank auf. Die Kastentüren in der Kabine gehen im Rhythmus auf und zu und mein Magen hebt und senkt sich. Zuerst glaube ich, ich sei der einzige, dem der Magen hochkommt. Aber an der Reling stellen sie sich schon an. Das Schiff gleicht immer mehr einem Lazarett. Überall liegen die Leichen herum, die übrigen sind auch alle bleich und sehen aus. als wollten sie die Fische füttern. Mir geht es verhältnismäßig gut. Das Frühstück ist innerhalb von fünf Minuten wieder heroben, dann aber bleibt es wieder erträglich. Mit dem Vorsatz „take it easy" können wir die Situation überbrücken. Mir ist zwar den ganzen Tag schlecht, aber ich bin gut aufgelegt. Christian ebenfalls. Das Abendessen ist bis jetzt noch nicht heraufgekommen. Sonst ist nicht viel los. Nachmittags veranstalten wir ein Ös-terreichertreffen (wir sind 20). Wir singen einige Volkslieder. Gesangsgenie findet sich keines unter uns. Morgen werden wir einige Lieder zum Besten geben. Hoffentlich gibt es heute Tanz.

Freitag, 30.6.

Wir sind jetzt den 2. Tag in New York. Über die restliche Fahrt schreibe ich nur zusammenfassend.

Die Seekrankheit hat sich mit der Zeit gelegt. Die Stimmung an Bord wird auch immer besser. Es sind 60% Mädchen auf dem Schiff. Wer die Wahl hat, hat die Qual. An Shuku ist nicht heranzukommen sie liegt dauernd krank im Bett. Wir bleiben immer bis ca. 2h auf, tagsüber sind wir dafür hundsmüde. Wir nehmen an keinem der Sprach-, Tanz- und Sportkurse teil. Das Kino bleibt als einzige Abwechslung. Die Hauptbeschäftigungen untertags heißen Essen und Schlafen. Das Essen ist unterschiedlich gut. Das Fleisch schmeckt nicht besonders, weil es immer mit dem gleichen ranzigen Fett gekocht wird. Teigwaren, Mehlspeisen und Eis aber mögen wir. Wir essen immer mehrere Portionen davon. Der Steward kennt uns schon und gibt uns immer doppelt und dreifach. Da bei jeder Mahlzeit Mehlspeisen nachkommen, sind wir immer zum Bersten voll. Das Umgewöhnen auf Schrumpfmagen wird schwer werden.

Das Wetter zeigt sich während der Fahrt annehmbar, gegen Ende wird es richtig schön. Zwei oder drei Tage vor Ankunft wird der Ozean spiegelglatt und bleibt es bis zum Schluß. Die schönen Tage verbringen wir faulenzend auf dem Sportdeck. Am Montag lerne ich Dominique kennen. Sie hat eine gute

Figur und ist sonst mittelmäßig hübsch. In ihrem Verhalten ist sie ganz Französin, oder besser, wie ich mir eine Französin vorstelle. Die letzten Tage vergehen also noch angenehmer: schönes Wetter, gutes Essen und ein nicht gerade zurückhaltendes Mädchen. Was braucht man mehr?

Der Mittwoch steht schon ganz im Zeichen der Ankunft. Überall wird gepackt, Anordnungen, die niemand beachtet, werden über Lautsprecher ausgerufen. Die Amerikaner sind schon ganz durchgedreht vor Freude. Als New York in Sicht kommt, drängt sich alles an der Reling und auf der Brücke. Dort brennt die Sonne herunter. Dominique und ich finden einen besseren Platz: ein Rettungsboot. Man hat von dort aus eine gute Aussicht, es ist kühl und schattig und es ist niemand dort außer uns. Auf diese Art erleben wir die Einfahrt nach New York. Bevor man noch etwas von der Stadt sieht, kündigen die vielen Schiffe die Nähe des Hafens an. Wir fahren unter der riesigen Hängebrücke zwischen Brooklyn und Staten Island durch. Dann taucht Manhattan auf. Alle photographieren, wir genießen. Auch wenn man das alles schon von Bildern kennt, ist es trotzdem ein Erlebnis.

Wir landen direkt in Manhattan. Nach der Landung weiß niemand, was zu tun ist. Alle stehen umher und warten. Wir verbringen die Zeit im Rettungsboot und sind gar nicht ärgerlich über das Warten. Nach einiger Zeit beginnt die Paßkontrolle. Christian ißt vorher alles Obst zusammen, ich vergesse darauf (wir haben bei den Mahlzeiten immer Obst gehamstert). Wir haben Glück. Bei Christian findet der Zöllner nur eine Zitrone, nicht aber die Wurst. Bei mir schaut er überhaupt nicht nach. Er fragt nur, ob ich auch müde sei und wünscht alles Gute für den Aufenthalt in den USA.

Da mir Dominiques Anhänglichkeit schon zu viel wird, halte ich den Abschied kurz und schmerzlos.

Darauf rufe ich Jack an, der uns dann vom Pier abholt. Nach einem Abendessen in "Ralph's Coffee Shop" (es gehört Barbaras Eltern) führen uns Jack und Barbara in Manhattan umher. Die beiden kennen wir von Österreich her, wo sie bei uns zu Gast waren. Die durch viele Fenster erleuchteten Wolkenkratzer sehen bei Nacht aus wie riesige Christbäume. Phantastisch ist es dort, wo besonders viele auf engem Platz beieinander stehen. Die neuen Gebäude (Banken, UNO) sehen noch wuchtiger aus, da die geschlossenen Fassaden ohne Abstufung von Erdgeschoß bis zum Dach reichen. In der Gegend der Wall-Street steigen wir aus und stehen auf einem kleinen Platz zwischen lauter Wolkenkratzern. Ich komme mir unheimlich klein und unbedeutend vor. Photographien können das Erlebnis nicht richtig wiedergeben, man muß mittendrin stehen, um das Ganze zu erfassen. Wenn ich selbst zwischen mehreren Wolkenkratzern stehe und mir beim Hinaufschauen den Hals verrenke, kommen mir die anderen Dinge in der Umgebung - Bäume, ein mehrstöckiges Haus im neugotischen Stil - wie Spielzeug vor.

Donnerstag, 29.6.

Nach dem Frühstück sehen wir uns in Greenwich Village um: ein altes Viertel mit relativ niedrigen Häusern. Charakteristisch sind die Feuerstiegen und die Stufen, die bei jedem Haus ins Hochparterre führen. Beim ersten Anblick denke ich mehr an Paris als an New York. Kein Wunder, daß das ein Künstlerviertel ist. Am Washington Square Garden bleiben wir und sehen uns die Leute an. Im Park ist es für unsere Verhältnisse sehr schmutzig. Man kann sich dafür aber überall hinlegen, wo man will. Wir machen davon Gebrauch und unterhalten uns mit allen möglichen Leuten.

Freitag, 30.6.

Vormittag schlafen wir, nachmittags besuchen wir das UNO-Gebäude. Wir sind beide stark erkältet. Wir schreiben je ein Aerogramm heim und erledigen den ersten Schub Kartenpost

Samstag, 1.7.

Die Erkältung wird ärger, ich bekomme Fieber. Trotzdem besuchen wir nachmittags Macy's Department Store. Sonntag und Montag liege ich im Bett. Ich habe Fieber, Husten und Schnupfen. Dienstag fahre ich aufs Empire State Building, am Mittwoch gehen wir in die Chinatown. Mein Eindruck von New York: riesig, schmutzig, kriminell, aber furchtbar interessant. Man sieht alle Nationen auf engstem Platz, alle Typen von Menschen, keiner kümmert sich darum.

Donnerstag verlassen wir New York und kommen bis Syracuse, am Freitag bis Woodstock (Canada). Das Stoppen geht halbwegs. Die Leute sind sehr gastfreundlich, wir werden fast jedes Mal eingeladen. Oft bekommen wir noch Sachen mit. Wir schlafen heute, Freitag, zum zweiten Mal unter einem Dach, bei einer österreichischen Familie. Sie kennen viele österreichische und deutsche Farmer in der Umgebung. Wir hoffen, hier Arbeit zu finden, wenn wir von Michigan zurückkommen.

Unsere weiteren Stationen:
Syracuse: 8-Kinder-Familie. Gutes Essen, Übernachtung
Le Roy: Italiener (Spaghetti), Töchter, geben uns Jause mit.
Polizeikontrolle
Niagara Falls: Stadtrundfahrt, Touristenzentrum.

Kanada: lauter Europäer. Wir landen bei der österreichischen Familie, in deren Haus wir jetzt schreiben. Haben Eis und Cola und Sandwich im Magen.

Samstag, 8.Juli

Wir frühstücken noch bei der Familie, dann fahren wir weiter. Der erste Fahrer lädt uns gleich auf einen Kaffee ein, die nächsten (ein junges Paar) führen uns extra über die Grenze und auf den richtigen Highway. Wir erwischen allerdings eine schlechte Auffahrt und sind froh, daß jemand auf der Autobahn selbst stehen bleibt. Es geht bei Flint etwas langsamer weiter, dann haben wir wieder längere Strecken. Die Landschaft - Wald, Seen, Farmen - erinnert uns an Schweden, wohin wir vor zwei Jahren unsere erste gemeinsame Autostopptour unternommen haben. Weil wir so gut fortkommen, sind wir auch gut aufgelegt und treiben beim Stoppen viel Blödsinn. Unser Ziel ist Traverse City, wo meine Schwester wohnt. Von Cadillac aus führt uns ein Pärchen direkt nach Traverse City, nur weil es auf unserem Schild gelesen hat, daß wir dorthin wollen. Es scheint hier so üblich zu sein, daß man am Samstag nicht ausgeht, sondern mit dem Wagen spazieren fährt. Das kommt uns jetzt zugute. Zu Fuß gehen ist nicht populär. Fahrräder sieht man sehr selten.

Um 9h kommen wir bei Annemie an. Niemand ist zu Hause. Ein Nachbar gibt uns den Schlüssel und wir warten in der Wohnung. Dann kommt das große Wiedersehensfest.

Annemie sieht heuer viel besser aus als bei ihrem Besuch im letzten Jahr. Sie hat auch eine bessere Frisur (glatte Haare). Fred-Fred ist jetzt 2 Jahre alt und ein richtiger Lauser. Vor 2 Wochen ist das Baby zur Welt gekommen, es heißt Marcel. Annemie ist recht angehängt mit den beiden. Wenn der eine schreit, fängt der andere auch an, dadurch angeregt auch das Baby der koreanischen Nachbarn.

Sonntag, 9.Juli

Wir verbringen den Sonntag bei Freunden am Lake Michigan. Christian und ich versuchen das Kanu, zum ersten Mal, Kanus kennen wir nur aus dem Film. Das Boot dreht sich nach links, gegenrudern, also nach rechts – aber nie geradeaus. Wenn wir ins Wasser springen, ist es angenehm warm. Ein langer Sandstrand bildet das Ufer. Dahinter stehen Häuser in einem zivilisierten Wald. Dean und Sou haben 2 Kanus und die verschiedensten Jagd- und Angelgeräte. Es gibt hier alle möglichen Tiere, die ich nur von Büchern kenne: Waschbären, Biber, riesige Elcharten. Wir hatten ein Geweih in der Hand, es war ziemlich schwer.

Montag, 10.7.

Wir fangen auf einem Schlachthof zu arbeiten an. Am Anfang ekelt uns alles an: der penetrante Gestank, das überall herumliegende stinkende Fleisch, die Fliegen, die blutigen und dreckigen Rinderhäute. Wir müssen die Häute, die drei Wochen lang eingesalzen waren, zusammenlegen und zu Paketen schnüren. Die Arbeit ist manchmal schwer (ich habe am Abend überall Blasen), immer aber unappetitlich. Nach einiger Zeit gewöhne ich mich an den

Gestank, uns graust vor nichts mehr. Wir kommen abends hundsmüde heim.

Dienstag 11.7.

Der zweite Tag ist nicht mehr so arg, alles wird zur Routine. Ich schnüre den ganzen Vormittag Pakete, zu Mittag quittieren wir die Arbeit, weil alle Häute gebunden sind.

Wir springen mit unseren schmutzigen, blutigen und stinkenden Hosen in einen nahen See. Herrlich! Endlich wieder frische Luft, warmes Wasser und Sonne. Wir haben eine kleine Bucht für uns allein. Am ganzen See scheint niemand zu sein. Wir legen uns in den Sand, halb im Wasser und halb in der Sonne. Die Wellen glitzern, auf dem Wasser wiegen sich wie gelbe Sterne die Seerosen. Ich hätte es stundenlang dort ausgehalten, aber wir müssen uns bald das verdiente Geld holen. Das tun wir. Als wir am Abend heimkommen, entdecken wir erst die Blutegel an unseren Füßen.

Mittwoch, 12.7.

Wir sehen uns nach einer anderen Arbeit um. In einer Fabrik wollen sie uns nur nehmen, wenn ich mir den Bart abschneide, der mir inzwischen gewachsen ist. Außerdem haben wir schon recht lange Haare. Wir schneiden weder Bart noch Haare. Schließlich finden wir Arbeit auf einer Farm als Kirschenpflücker.

Samstag, 5.8.

Ich muß wieder einen größeren Zeitabschnitt rückblickend zusammenfassen. Das Kirschenpflücken war eine verhältnismäßig leichte Arbeit. Anfangs stand ich immer um 1/2 6h auf, wir fuhren mit dem Fahrrad zur Farm hinaus und kamen um 7h abends hundsmüde heim. Ich blieb meist bis 11h auf und schlief so recht wenig. So verschob ich das Aufstehen jeden Tag ein wenig mehr, zum Schluß stand ich erst um 1/2 8h auf. Wir verdienten 90 Dollar.

Annemie sah ich so recht wenig. Morgens war sie noch nicht auf, abends in einem Kurs. Wenn wir nachher tratschten, schickte uns Fred immer bald ins Bett. Er war manchmal recht eifersüchtig, mein Schwager. Nach einer Woche hat er den Christian

hinausgeworfen, er hat aber für ihn ein Zimmer gesucht, wo es Christian gut ging. Wenn Annemie mit
den Kleinen zu viel angehängt war, nahm ich mir
Fred-Fred und ging mit ihm ins Freie. Er kannte
mich bald und ich war für ihn „monkey Hans" (On-
kel Hans}. Er war lieb, aber stellte gerne etwas an.
Einmal schüttete er Mehl ins Klo und meinte: „Fred-
Fred kochen".

Wir hatten eine hübsche Babysitterin im Haus,
Caroline. Ich bemühte mich um sie, aber sie war
furchtbar christlich. Sie redete dauernd davon, einmal auf eine Missionsstation zu gehen. An einen
Sonntag fuhren wir mit Christians Landlady und deren Freundin, mit Annemies Freundin Inge und noch
einem Mädchen, Martha, zur Sleeping Bear Dune.
Es wurde ein amerikanischer Sonntagsausflug; Auto-
fahren - Aussteigen und Picknicken – Herumfahren.
Wir wanderten ein wenig auf der riesigen Sanddüne
umher und tanzten mit den Mädchen Walzer, zu dem
wir auch die Musik singen mußten. Abseits der Pick-
nickplätze war keine Menschenseele zu sehen. Bei
der Heimfahrt saßen die beiden Frauen vorn, hinten
unterhielten wir uns zu viert ganz gut. Martha war
gerade das Gegenteil von der puritanischen Caroline.

Einmal ging ich mit Fred fliegen. Ein herrliches
Erlebnis! Ich bin noch nie mit einem Flugzeug geflo-

gen. Wir flogen mit einer Cessna Skyhawk, 4-sitzig. Als das Flugzeug vom Boden abhob, konnte ich es gar nicht glauben. Dann legte sich die Maschine in eine Kurve und ich hing so richtig über dem Fenster mit Blick auf die Seen unter uns. Das war ein Gefühl! Ich möchte gerne wieder fliegen!

Zum Abschluß hatten wir eine Party, eine Surprise-Party für Fred. Annemie und ich organisierten Hüttenspiele, sowas kennen die Amerikaner nicht. Das „Ums-Essen-Würfeln" wandelten wir bald in ein „Ums-Trinken-Würfeln" um, es gab Brandy. Annemie und ich tanzten Wiener Walzer, aber das freute nur uns beide. Während der Party hatte ich eine Auseinandersetzung mit Christian über unsere Abreise. Fred mischte sich ein und machte durch seine Dickköpfigkeit die Sache noch schlimmer. Es ging um die Uhrzeit unserer Abreise und ums Haareschneiden. Am nächsten Tag endete unser Besuch im Streit mit Fred.

Als wir abfuhren, begleitete uns Annemie noch bis zur Pyramide an der Stadtausfahrt, auch Fred-Fred kam mit. Wir blieben noch ein bißchen zusammen, dann ging sie heim und kam wieder, um uns noch etwas zu Essen und Plakate fürs Stoppen zu bringen. Dann verabschiedeten wir uns endgültig.

Schlafmöglichkeiten

Im Freien

Im Auto

Im Hafen

Mücken

Die Fahrt, ging zuerst nicht recht gut, erst am zweiten Tag hatten wir Glück. Vorher wäre ich fast in einen Unfall verwickelt worden, an dem eigentlich niemand Schuld gewesen wäre. Ein ca. 8-jähriges Mädchen fuhr mir mit seinem Rad von hinten hinein, während ich stoppte, fiel auf die Straße und wäre um ein Haar überfahren worden.

Eine Nacht schliefen wir im Freien, dabei wurden wir von den Gelsen total zerstochen. Die zweite verbrachten wir bei einer netten holländischen Familie. In der Folge blieben wir einige Tage bei weitschichtigen Verwandten in Montreal.

Am Montag, 8.8., brechen wir von Montreal nach Westen auf.

Wir beginnen zu Mittag zu stoppen und bekommen einen Wagen nach Ottawa. Dort klaubt uns ein Österreicher auf, der bis Vancouver fahren will. Er verkauft österreichische Schi. Montag und Dienstag geht alles gut, die erste Nacht verbringen wir im Auto. Das Wetter ist scheußlich, aber das Fahren bei Nacht phantastisch: Wald, Regen, das Scheinwerferlicht spiegelt sich in der Regenwand. Entgegenkommende Autos lassen sekundenlang die Silhouetten der Bäume sichtbar werden, bevor alles wieder im Dunkeln verschwindet. Nebelschwaden lassen das Ganze unwirklich werden. Im Auto leuchtet nur das

Armaturenbrett, man fühlt sich geborgen und weiß: wir sind wieder auf der Straße!

Unser Lift nach Vancouver hat uns abgesetzt, weil er... ich weiß nicht was. Wir stehen am Highway außerhalb von Sault-Saint-Marie, mitten im Wald, neben dem Lake Superior. Wir warten schon seit mehr als 10 Stunden. Gestern abend kauften uns 2 Mädchen Brot und Sardinen, wir trafen einen österreichischen Autostopper, der Rum mithatte. Zu fünft veranstalteten wir ein Picknick am Straßenrand, daraufhin bekam der Österreicher einen Lift bis Vancouver, die Mädchen gingen heim und wir schliefen in einem Rohbau.

Um 1h Mittag bleibt wieder unser „Herzog-Ski"-Wagen stehen, den wir schon ganz aufgegeben haben. Wir fahren rund um den Lake Superior, durch eine leicht bergige Landschaft. Viele Felsen, unberührte Seen und Flüsse, Urwald. Man kann 100 bis 200 km fahren, bis die nächste Tankstelle oder das nächste Haus kommt. Biberdämme, in die Seen abfallende Steinwände, Sümpfe, Seerosen.

*Hier hört mein Tagebuch auf. Die weiteren Aufzeichnungen kann ich nicht mehr finden, vielleicht sind sie verloren gegangen. Die Reise führte uns an*

die Westküste, nach Kalifornien im „summer of love"
und nach Mexico. Dort ging mir das Geld aus und
mit den restlichen 5$ in der Tasche schlugen wir uns
wieder nach Michigan zu Annemie durch. Viele Erlebnisse sind in meinem Kopf, so viele Sachen, die
ich das erste Mal in meinem Leben gesehen oder getan habe. Ich habe damals sogar Zeitungsartikel für
die Linzer Lokalzeitung darüber geschrieben, aber
des Tagebuch... vielleicht taucht es noch auf. Nach
ca. 4 Monaten kommen wir nach Hause. Ich komme mir vor wie Columbus oder Cortez persönlich.
Niemand in meinem Umfeld ist damals je in Mexico
gewesen. Das war, bevor das Fliegen billig wurde.

VOR EINIGEN MONATEN unternahmen zwei junge
Linzer im Anschluß an ihre Matura eine Amerikareise,
die zwar den Kontinent Amerika als Ziel hatte, ihrer Art
nach jedoch eine Fahrt ins Blaue war. Ohne genaue Pläne
fuhren sie zuerst per Schiff nach New York, darauf per
Autostopp über Detroit, Montreal und Vancouver nach
San Franzisko. An der Westküste verbrachten sie ungefähr
einen Monat unter Hippies. Im weiteren Verlauf führte sie
die Reise über Mexico City und Veracruz (wo sie auch
einige Wochen Aufenthalt machten) zurück in die USA,
wo sie New Orleans und Florida besuchten, bevor sie über
New York die Rückreise nach Europa antraten. Die gesamte
Maturareise dauerte vier Monate. Es wurden etwa 37.000
Kilometer zurückgelegt, davon 23.000 per Autostopp. In
der Folge berichten die beiden jungen Linzer, die derzeit
in Wien studieren, über einige ihrer Eindrücke.

dieser Zustand änderte sich, sobald wir die Kette der Rocky
Mountains überschritten hatten.
Diese natürliche Barriere scheint ein
Schutzwall gegen Friseure zu sein,
welche die östlich davon lebenden
Amerikaner (und teilweise auch
Kanadier) mit jener kurzen Haartracht
beglücken, die bei uns typisch für
amerikanisch gehalten wird. Jenseits
des Gebirges aber scheint der Friseur
zur Arbeitslosigkeit verurteilt zu
sein: ein Großteil der jungen
Männer trägt langes Haar, auch
einen Bart (wenn möglich). Wir befinden uns also jetzt in diesem
Dorado, in der Hoffnung, in die Ge-
meinschaft der Hippies aufgenom-
men zu werden. Auch bei uns
wuchern Haar und Bart. Nun haben
wir uns diese Aufgabe brüderlich
geteilt: Mein Kamerad besitzt schon
eine richtige Mähne, zwar relativ
kurz für einen Hippie, trotzdem aber
lang genug, um die „normalen"
Menschen zu schockieren. Was mich
betrifft, so wird mein Gesicht von
einem rot schimmernden Bart umrahmt, der stellenweise zu Locken-
bildung neigt. Diese Merkmale ge-
nügen, um zu den Hippies gerech-
net zu werden.

Während der ersten Tage in Vancouver aber bekommen wir nur die
Unannehmlichkeiten des Hippie-
Lebens zu spüren: An das Schlafen
im Freien haben wir uns im Laufe
eines monatelangen Trainings bereits gewöhnt, nicht aber an abendliche Polizeikontrollen, die das
Schlafen am Strand unmöglich
machen sollen.
Wir sind gerade im Begriff, in unseren Schlafsäcken einzuschlummern,
als wir die Gefahr merken. Schnell
aus dem „Bett" und in die Blue
jeans geschlüpft, darauf suchen wir
hinter einem Holzstoß Deckung. Wir
hatten uns sehr beeilt: Die Mühlen
des Gesetzes mahlen langsam, zum
Glück aber auch nicht so sicher. Die
Polizei läßt uns Zeit genug, die
Rucksäcke zu verstecken und uns
selbst als harmlose Abendspazier-
gänger zu tarnen. Dadurch entgehen
wir der Möglichkeit, in nächster Zeit
zwar Kost und Quartier, dafür aber
auch Gitter vor den Fenstern zu
haben.
So also verlief unser erster Abend
in Vancouver — ein kleiner Zwi-
schenfall, der unser Verhältnis zur
Polizei charakterisieren soll.

Nach einigen Erholungstagen am Strand wollen wir die Stadt und damit auch Kanada in Richtung San Franzisko verlassen, ohne mit den Hippies in nähere Berührung gekommen zu sein. Durch die Pedanterie der Grenzbeamten wird dieses Unglück verhindert werden.

Da Autostoppen, jenseits der Grenze (im Staat Washington) verboten ist, man uns aber auf Grund unseres Gepäcks und unserer Kleidung schon von weitem ansah, daß wir unsere Reisekilometer auf diese Art hinter uns bringen wollen, läßt man uns nicht über die Grenze. Wir müssen zurück nach Vancouver. Auf der Rückfahrt ereignet sich jener glückliche Zufall, der uns in den Kreis der Hippies bringen sollte. Ein Bursche nimmt uns mit, dem man

Wir verbringen einige Tage mit unseren Freunden. Während dieser Zeit erleben wir immer wieder Zusammenstöße mit der Polizei. Dabei handelt es sich nicht um Raufereien, sondern um Kontrollen. Einmal wird unser Auto gestoppt, sobald wir das Haus verlassen haben. Wir werden in einen Hauseingang geführt und genauestens untersucht. Sogar in den Schuhen wird nach „grass" gesucht. Das ist das Prinzip der Polizei: Obwohl in den Staaten über 60 Prozent der Verbrechen unaufgeklärt bleiben, konzentriert sich die Polizei vor allem auf das Schikanieren der Hippies. Man kann oft nicht einmal auf der Straße spazieren gehen, ohne angehalten und genauestens nach dem Woher und Wohin gefragt zu werden.

Wie sehr die Beamten auf Äußerliches gehen, beweist unser zweiter Versuch an der Grenze: Diesmal ziehen wir weißes Hemd und Krawatte an und gehen auch nicht barfuß. Die Rucksäcke verstecken wir im Kofferraum. Wir müssen nicht einmal fünf Minuten warten, bis wir unseren Stempel im Paß und damit das Hindernis hinter uns haben.

Die Schwierigkeiten beginnen jetzt aber damit, daß uns in Washington die Polizei beim Autostoppen nicht sehen darf. Sonst werden wir wieder nach Kanada abgeschoben. Trotzdem scheint San Franzisko um ein Stück nähergerückt zu sein. (In Wirklichkeit sind es leider nur 30 Kilometer, die wir von Vancouver entfernt sind.)

Ein Autostopper, der sich nicht auf die Straße stellen darf, gleicht einer Maus, die sich nicht aus dem Loch wagt, weil sie draußen die Katze wartet. Mit einer gewissen Zähigkeit überstehen wir das Katz-und-Maus-Spiel mit der Polizei. Aber die Erinnerung daran gehört gewiß nicht zu den besten. Sobald wir Washington verlassen haben, fängt das gelobte Land der Autostopper und Hippies an: Fünf bis zehn Minuten Wartezeit ist das normale. (Zum Vergleich: fünf bis sechs Stunden an der Ostküste.) Darauf nimmt einen sicher ein Hippie mit. Wir fahren an der Westküste immer nur mit jungen Menschen.

DA SCHAUT
EiN MANN
GANZ UN
VERWANDT

WiE EiN DEPP
iNS WEiTE
LAND.

Da schaut ein Mann ganz unverwandt
wie ein Depp ins weite Land

# DEN NIL HINAUF

*Per Autostopp, Bahn und Minibus über Istanbul und Adana nach Beirut. Zufälliges Zusammentreffen mit meinen Freunden. Mit dem Flugzeug nach Kairo. Nilaufwärts abwechselnd mit Bahn und Schiff über Assuan, Wadi Halfa, Khartoum und Kosti bis Juba und zurück nach Khartoum. Militärputsch in Khartoum, Bürgerkrieg im Südsudan und eine Hepatitiserkrankung.*

## TÜRKEI

Mit dem Duft nachbarlicher Schweißfüße in der Nase ist es ein etwas schwieriges Unternehmen, ein Reisetagebuch zu schreiben. Aber viereinhalb Stunden Autofahrt und jeweils zehn Minuten Aufenthalt bei jedem Nest von mehr als fünf Häusern - da muß man ja etwas machen, um nicht völlig davonzudämmern. Zu sehen gibt es nichts, zu hören Unterhaltung auf Türkisch, am stärksten von allen Sinnen wird, wie erwähnt, die Nase beansprucht. Viereinhalb Stunden Fahrt über ein baumloses Plateau. Ich versuche also, mich in die Erinnerung zurückzuziehen.

Die Fahrt Linz - Istanbul: Ich war aus Jugoslawien schon wieder draußen, bevor ich noch ein Wort Jugoslawisch gelernt hatte. - Doch, eines: „Pivo" für Bier. nachdem ich es fünf Minuten lang mit „cerveza" probiert hatte. Dafür aber hatte ich Gelegenheit, bei meinem belgischen Fahrer meine Französisch-„Kenntnisse" etwas aufzupolieren. Französisch scheint mich zu verfolgen, seit ich in England mit einem französischen Mädchen befreundet war.

Ich geb die Memoiren auf; auf einer Kiste als Ausstellungsobjekt für türkische Neugierdsnasen sitzend und zum hundertsten Mal meine Reiseroute erklärend - das raubt den letzten literarischen Nerv. Die Lider werden auch schon schwer, die beiden letzten Nächte werde ich kaum in die Galerie der bestverschlafenen aufnehmen. Die eine überstand ich wie ein Fakir im Gepäcksnetz des Istanbul-Adana-Zuges, immer mit der Befürchtung, mir auf dem Fußboden ein paar blaue Flecken zu holen, die andere mit einem Raki-Rausch an einem Strand bei Silifke. Die Franzosengruppe, an die ich mich angeschlossen hatte, konnte nicht den ganzen Raki bewältigen, so nahm ich mich mit einigen Türken des Rests an. Im Schlafsack am Strand mußte ich dann halt einmal den Kopf zur Seite wenden; ich erinnere mich noch, nachher eine Zeitlang das Mondlicht im spiegelnden Naß des Mageninhalts betrachtet zu haben, bevor ich mich samt Schlafsack verrollte. Zwei Volldrehungen nach links, und es ist nichts geschehen. Als nächstes weckte mich die Sonne auf. Den Kater vertrieb das Schwimmen im lauwarmen, bilderbuchblauen und wunderbar klaren Mittelmeer, dann das Faulenzen am endlos langen, fast menschenleeren Sandstrand. Die Abhänge des Taurusgebirges bildeten die Kulisse, mit wachsender Entfernung lösten sich seine Berge im Blau auf. Der Kater verflog unter diesen Umständen also bald, ich packte daher meinen Rucksack wieder, au revoir und bon voyage, und ich stehe wieder einmal am Straßenrand. Man steht als Ausländer hier nicht lang allein. „English?", „Francis?", „Aleman?". Die übliche Geschichte. „Silifke; ich Silifke, Mersin." Sie fahren auch nach Silifke, wir nehmen daher gemeinsam den nächsten Tolmusch. Es ist ein guter Kniff, sich in die Obhut eines wohlmeinenden türkischen Einheimischen zu begeben, dann legen einen die anderen nicht so herein. Auf diese Art fahre ich einmal zum regulären Preis, die Buskarte wird auch für mich organisiert, dann geht es auf nach Mersin. Ich sitze neben einem eingerauchten Türken, der immer die Vorhänge zuzieht, sodaß ich Tourist nichts von der Landschaft sehen kann. Als plötzlich eine Ruine auf einer Insel ins Blickfeld kommt (die ich schon vorher auf einer Postkarte gesehen hatte), bricht der Tourist in mir völlig durch und ich schieße ein nichtssagendes Ruinenphoto. Nebenbei habe ich es bedauert, nicht aussteigen und baden gehen zu können, erstens schwitzte ich mich zu Tode (ich denke lieber nicht an den Sudan), und zweitens war die Küste wirklich herrlich und größtenteils unberührt, eine sanfte Felsküste mit Sandbuchten.

Die letzte Nacht konnte ich endlich zum Ausschlafen benützen, nachdem ich ein türkisches Bad genossen hatte. Ein Steinkessel voll Wasser, ein Kessel zum Aufwärmen (mir war nicht danach zumute) und ein Krug zum Drüberschütten - trotzdem: Erfrischung bleibt Erfrischung. Und dann noch ein Bett und keine Mücken. Nur der megaphonverstärkte Muezzin zu früher Morgenstund wirkte störend. Ich bevorzuge einen dezenteren Wecker. Morgens ging es dann im Dolmusch nach Antakya, wo ich jetzt im Bus sitze und darauf warte, an die syrische Grenze gefahren zu werden.

## BEIRUT

Ich sitze seit einigen Tagen hier fest und freue mich schon auf die Hotelrechnung. Das Weiterfahren wird wahrscheinlich teuer, deshalb versuche ich, auf einem Frachter unterzukommen. Heute habe ich noch nicht viel ausgerichtet, anstellen um das ägyptische Visum, baden am Strand angesichts der

Ölscheichapartments, eine frustrierende Phototour. Das Photographieren liegt mir im Magen, ich fühle mich (als Geograph) verpflichtet, repräsentative und gute Photos zugleich zu machen. Das einzige gute Photo im Bazar wurde mir mit zwei nachgeworfenen Früchten vergolten. Auf jeden Fall habe ich alles gemacht und gesehen, was ich wollte, Touristen- und Scheich-Beirut im Franzosenstil und mit Pariser Preisen, Libanesen-Beirut mit zwei Meter hoch beladenen Trägern, verkrüppelten Bettlern und kleinen Straßenläden, in denen jeder mit dem bißchen, das er hat, versucht, Geld zu machen, ob er jetzt Wasser und Sirup zu einem Getränk zusammenschüttet, aus Fleisch, Tomaten und Zwiebeln einen Sandwich rollt oder von einem kleinen Büro am Hafen aus Export betreibt. Die Leute, mit denen ich das Hotelzimmer teile, versuchen alle, internationalen Handel im Ministil zu treiben: ein paar Autos hier kaufen und nach Kairo schicken, Gewand, alles mögliche. Die Privatinitiative steht in vollster Blüte, es herrschen frühkapitalistische Zustände, daneben stehen die Prunkbauten der internationalen Gesellschaften, die das große Geschäft machen. Bei den gestrigen Gesprächen mit Ali (ein Student, den ich auf der Straße kennengelernt habe) und seinen Freunden ging es vor allem um zwei Themen: Nahostpolitik und Religion. Bei dem zweiten Thema schien der atheistische Standpunkt provokativer gewirkt zu haben als christliches Bekenntnis.

Das Geld schwindet, Einheitspreis sind 25 oder 50 Piaster für alles. Ich bleibe heute lieber im Hotel, raste meine abgehatschten Beine aus und habe seit langem wieder einmal Zeit, ohne ungelöste Aufgaben dahinzusinnen - was mir nicht recht gut tut. Ein abgegriffenes, zerfetztes Graham Greene - Buch (Einheitspreis zwei: 50 Piaster) fängt ausgerechnet mit einer Szene auf der Fähre Dover - Ostende an. Also der schönste Grund, Heimweh zu bekommen - Heimweh nach England. Österreich sagt mir recht wenig. Der Mayerling-Film, der hier gerade läuft, hat mich nicht ins Kino locken können. Aber fish and chips, a pint o'bitter, öl-bemalte Häuser - und vor allem Françoise. Es ist nicht eine Einzelheit, sondern das Ganze, was mir jetzt einen wehmütig - flauen Magen beschert. Ich Trottel sitze hier am Ende des Mittelmeeres und will unbedingt in diesen Backofen hinunter, trotz schlotternder Knie, anstatt mich mit ihr an irgendeinem Strand zu wälzen. Wenn es dem Esel zu gut geht, dann geht er aufs Eis tanzen - oder in die Wüste. Vor lauter Unbeschwertheit und Bequemlichkeit und Liebe habe ich es in Southend nicht mehr ausgehalten - na ja, solange ich nicht an Zukunft oder Vergangenheit denke, geht es mir hier auch ganz gut.

Es gibt keinen Grund, sich aufzuregen, es gibt keinen Grund, sich den Kopf zu zerbrechen, solange der Bauch noch über die Schnur hängt. Es gibt überhaupt keinen Grund. Diese verdammte Unter-gangsstimmung, seitdem ich diese Reise plane. So pessimistisch und ängstlich wie diesmal bin ich überhaupt noch nie gewesen. Die ganze Stärke und Freiheit, die ich in Southend in einem bestimmten Stadium gewonnen hatte, ist verflogen - nur durch die Erinnerung daran borge ich mir von Zeit zu Zeit ein Stück davon.

Ich sitze in der Hochschaubahn, ganz oben, bevor es ganz hinunter geht. Man weiß, daß es tausend-mal gut geht, trotzdem würde man gerne aussteigen - wenn man könnte. Am Ende angekommen, steigt man noch einmal ein, „weil es so schön ist". Vorstel-lung - Tatsache - Erinnerung.

Hotelterrasse - Betten - arabische Musik - wohlge-nährt und mückenzerstochen - eine Palme versprüht in den schwarzen Nachthimmel, neben einem Stern. Das ist das Jetzt. Und rund um mich gibt es tausen-de Tatsachen - die der gebückten Männer unter den zwanzig Kisten, die der 14-jährigen Buben mit den Riesenkörben, die der Frau, die im Dreck des Markt-bodens Karotten zusammenklaubt. Und die der Öl-prinzen in den fetten Wagen. Die Vorstellung und die Erinnerung streiche ich aus dem Kapitel, da meiner ein Tee harrt, von Esmail gespendet.

Victory will come - All Arab Youth - dreimal werden sie uns schlagen, bevor wir gewinnen, so steht's im Koran - ob sie sich vor dem dritten Mal fürchten?

Die Impressionen stürzen erneut auf mich ein. Die Schwierigkeit ist nur, sobald ich schreibe, ist es wieder aus. Essen und Kartenspielen habe ich abgelehnt, aber zuschauen werde ich doch.

Ich habe Michel und Vroni getroffen, sie wohnten im Nebenhaus, schon vor meiner Ankunft. Eigentlich hatten wir uns einen Treffpunkt in Alexandria ausgemacht, aber jetzt sind wir uns zufällig beim Anstellen um ein Schiffticket über den Weg gelaufen. Zu dritt ist man stärker als allein, und selbstgenügsamer. Sie sind wohl schon nach Alexandria weitergefahren, aber seit dem Treffen ist jede Sorge um die weitere Reise weg. Sie ist gar nicht mehr wichtig, ein Puzzlespiel, das man eben aus Freude spielt und ohne Bedenken wieder zusammenwirft, wenn man die Lösung nicht findet. Es ist wieder der Augenblick, der die Oberhand gewonnen hat.

Augenblick, das heißt: ein Flugticket um 140 Lira in der Tasche, die Scheißerei, herumknotzen im Hotel, vielleicht baden. Vor zwei Tagen hieß das: Spartakusfilm auf Englisch, mit unseren österreichischen Kommentaren, bei gemäßigter Temperatur, man sitzt im Erikakino und lacht über die Amerikaner, die sich bemühen, wie Römer auszusehn. Dann geht man hinaus auf die Westbahnstraße und bemerkt verwundert, daß man plötzlich in Beirut ist. Beirut hat gegenüber Wien den Vorteil, daß man um ein Uhr früh noch eine Wassermelone kaufen kann. Wir setzen uns auf einen Rasenstreifen und verzehren sie gemeinsam, dabei weht uns der Haschischrauch der benachbarten Runde um die Nase.

In den nächsten Tagen habe ich mich viel im Hafen herumgetrieben. Ich wäre gerne auf einem der wild bemalten Cargoschoner nach Ägypten gefahren, mit einer levantinischen Fischercrew, deren Kapitän sich in der Schifffahrtsagentur wie ein Wasserträger ausmachte und mir ungewollt ein „äh, this is the captain?" entlockte. Alle Menschen waren so lieb zu mir, so voll von Ratschlägen und Adressen, aber das war auch schon alles. Auch die arabische Großzügigkeit kennt Grenzen, vor allem, wenn das Geschäft ins Spiel kommt. Man sieht dann vor lauter Grenzen nichts anderes mehr.

Genauso schnell ist der Ofen aus, wenn es sich um Frauen dreht. Allein kam ich immer in den Genuß der Freigiebigkeit und Hilfsbereitschaft soeben kennengelernter Freunde. Mit Michel und Vroni hat plötzlich diese Großzügigkeit ihren Preis bekommen - etwa: einmal auf den Schenkel klopfen - ein Bier. Good price for you, my friend. Und das bei beiden.

Bei mir sind sie nie über naiv-homophile Freundschaften hinausgegangen. Vielleicht machen die Nickelbrillen des Doktor Hanse einen solch respektablen Eindruck. Man lädt den Nemse zwar nicht so oft ein, dafür kann er mit ruhigem Gewissen annehmen.

Nur einmal bin ich auf anscheinende Hilfsbereitschaft hereingefallen, und dann war es schwer, den lieben Freund wieder loszuwerden, als ich begriff, daß er mich ausnehmen wollte. Die Kapitäne und Offiziere der Schiffe seien seine Freunde - und ich brauchte jemanden, der mich auf einem der arabischen Minifrachter unterbrächte. Als die Tour in dem betreffenden Teil des Hafens erfolglos verlaufen war, wollte ich mein Schicksal wieder lieber in meine eigene Hand nehmen und ihn mit 50 Piastern abspeisen - was ihm den Schaum vor die Lippen trieb und mir ein wenig Scheu vor einer Keilerei ins Gemüt. Ich vertraute auf den Geschwindigkeitsvorteil meiner Bloßfüßigkeit. Er war nicht loszukriegen, schrie und schimpfte, auch mein Rat, sich lieber eine Schwabbelschenkeltouristin mit Geld zu angeln, beruhigte ihn nicht. Ich ließ mich zu eineinhalb Lira bewegen, war froh, ohne blaues Auge davongekommen zu sein und zog so schnell wie möglich ab. Hätte ich zurückgeschaut, so hätte ich ihm sicher beim Zerplatzen zusehen können.

## KAIRO

Die Reise geht weiter. Der Wind bläst fest ins Se-
gel und treibt mich nach Süden. Es ist ein schönes
Gefühl, sich treiben zu lassen, über den Horizont
hinaus. Es war etwas schwierig, vom Beiruter Boden abzuheben, aber einmal in Bewegung, erscheint
das Hindernis nicht mehr als solches. Der Zustand
der Schwerelosigkeit ist wieder erreicht. Ich könnte mich endlos treiben lassen, immer nach Süden,
fünfhundert Kilometer pro Tag, Ägypten, Sudan,
Äthiopien, Kenia... über die Grenzen meiner Geographie, über die Grenzen der Geographie überhaupt.
Fünfhundert Kilometer am Tag ein Blatt im Wind, ins
Blaue gewirbelt, manchmal in einer ruhigen Ecke
niedergelassen und vom nächsten Windstoß wieder
weitergetrieben.

1200 Schilling konnten mir die Rückkehr zu plas-
tikverpacktem englischen Essen - Schweinernes,
und, natürlich, Erdäpfel und Bohnen -, zu mitteleu-
ropäischer Temperatur und internationaler Sterilität
in 3000 m Höhe erkaufen. Und ich muß gestehen,
daß ich es genieße. Ein Rumbaba als Nachspeise
und dann Frischluft aus der Düse - so gut, daß ich
sogar eine Gauloise frühzeitig ausdämpfte. Wo werden wir landen - im Schneetreiben in Schwechat, im
Londoner Regen, in Khartum vielleicht (mir würde
das einige tausend Eisenbahnkilometer ersparen)

oder gar in Kairo? Alles ist möglich und vorstellbar
in dieser indifferenten neonbeleuchteten Transport-
röhre. Das einzige Lokalkolorit geben die schwarzen
Wuschelköpfe vor mir ab. Wahrscheinlich geht's also
doch nach Ägypten.


Da da da d-dou
dea schbüd ma oiwei drein
ich bin klein ich bin rein
gscht - a Zuckal
laß die andern dreckig sein

waunn se de Fleh und de Waunzn
net so foatpflaunzn datn
de bladn
dea Leam, des Schtinkn
de Hitz dea Dreck
und des soi a Vagnügn sei?

la la la bam bam bam
net so schnö, des geht net zum Mitschreibn

des is endlich a Hotö wo ma hoibnokad
umanaundarenna kaun
wei des kaun ma net übaroi, zum
Beischbü, in Teheran net.

For little Indians ram bam bam

Kennst des Yapi - Schbü von de
Südafrikana? De schbün des -
schdundnlaung.


Die nervösen Vormittage von Kairo, das pausen-
lose Gehupe der Straßenkaiser in ihren Taxis, die
audiosensuelle Propaganda auf den Märkten, der
tägliche Überlebenskampf in den Autobussen, in die
nur ein geübter Läufer und Springer Einlaß findet -
es ist gottseidank vorbei. Ebenso der Pflichtbesuch
bei den Pyramiden - bei dem auf Schritt und Tritt jemand darauf aus war, uns Ausländer auszunehmen -,
der Nachmittag auf der Zitadelle, die so wunderbar
ruhig über der Stadt liegt und in deren Muhammad
Ali Moschee keine Autohupen unseren Schlaf stör-
ten; wo poppige Glasfenster und weite Teppiche die
richtige dösige Atmosphäre schufen. Das war das
Touristen–Kairo.

Viel angenehmer als die lärmenden Tage waren die
Abende in den Basargassen, von Gas- und Petroleum-
lampen an den einzelnen Verkaufsständen punktwei-
se beleuchtet. Menschen in langen weißen Kaftanen
bewegten sich von Lichtkreis zu Lichtkreis weiter,
verschwanden dazwischen wieder. Nach einer dunk-
len, überdachten Passage konnte unvermutet der
beleuchtete Torbogen einer Moschee auftauchen,
deren übrige Bauteile sich wieder im Schwarz ver-

loren. Die Gerüche von Süßigkeiten, Fleisch, Weihrauch und verfaultem Obst boten dieselbe Abwechslung wie die visuellen Eindrücke.

## SAHARA

Wir nahmen den Zug nach Wadi Halfa. Wir hatten Glück, daß wir noch durch die Tür in den Waggon steigen konnten, viele kletterten durch die Fenster. Dann teilten wir zu neunt eine Bank für maximal sechs Leute, immer jeweils einer mußte stehen, nach dem Rotationsprinzip mit Ausnahmen. Der eine konnte dann einen Paradesonnenuntergang hinter Palmen und Wüste vorbeiziehen sehen, falls er gewillt war, seine Augen dem Fahrtstaub auszusetzen. Der Blick in die andere Richtung, in den Wagen, war wesentlich unästhetischer - die Leute lagen aufeinander, untereinander, in drei Stockwerken: im Dreck auf dem Boden, in Yogastellungen auf den Bänken und im Gestank im Gepäcksnetz. Die letzteren waren die Beneideten. Sonst spielte sich das Dahinvegetieren vor allem auf den beiden unteren Niveaus ab. Klassengesellschaft, 3.Klasse.

Seit mehr als einem Tag fahren wir mit dem Boot nilaufwärts. In Assuan mußten wir umsteigen.

Gerade verfärbt der zweite Sonnenuntergang die Schuttgebirge violett, zieht klare Konturen zwischen Himmel, Wüste und See. Der gelbe Sand und der schwarze Schutt, deren Kontraste Schatten vortäuschten, sind einer mattlila bis orangen Silhouette gewichen. Die schönste Tageszeit. Vielleicht gibt es etwas zu Essen, dann einen Kaffee, dann Getratsche im Schlafsack. Wir sind alle drei - und auch die anderen Ausländer - schlecht mit Proviant und Geld versorgt. Daher leben wir von Hungerrationen, die aber allgemein aufgeteilt werden, so daß bis jetzt noch keiner zusammengebrochen ist.

Auch von dem Nilwasser, das wir jetzt schon bedenkenlos saufen, ist noch niemand krepiert. Die Inkubationszeit für Bilharziose dauert vier bis sechs Wochen. In den ersten Stunden an Deck war das das Hauptgesprächsthema unter uns Europäern - sogar vor dem Waschen hatten wir Angst. Jetzt saufen wir das angechlorte Nilwasser, das wie Stadtbadwasser mit Krokodilscheiße schmeckt, wie Coca Cola zu unseren besten Zeiten und freuen uns bereits auf das abendliche Bad bei Abu Simbel, wenn der Schiffsmotor schlafen muß. Auch auf einer Luxusreise könnte es nicht gemütlicher sein, höchstens etwas weniger spannend. Inshallah. Man könnte auch das medizinisch Positive in den Vordergrund rücken: ein schwimmender Luftkurort für Bronchitiskranke. Ich fühle mich jedenfalls höllisch gesund und hungrig, während Vroni seit Beirut die Scheißerei nicht mehr losbringt. Der Magen knurrt wie wild und Allah will noch nicht, daß wir essen. Ich hoffe nur, daß er uns auf diesem - ich weiß nicht, wie ich es bezeichnen soll, aber „Schiff" wäre doch übertrieben - also auf diesem Dingsda heute nicht ganz vergißt, sonst müßte ich trotz aller gegenteiliger Bemühungen einige Kilo in die Wüste schicken.

Ein wesentlicher Punkt hier ist noch die Klaustrophobie, die wenigstens uns drei ergriffen hat, bis wir uns dem allgemeinen Scheißdanixpaula anschlossen.

Hier muß ich doch das Tagebuch unterbrechen und einiges aus der Erinnerung hervorholen, die sich mir jetzt noch, acht Jahre später, ganz stark und romantisch aufdrängt. Ich erinnere mich an die Stunden, an denen ich auf dem höchsten Punkt des Schiffes saß und den kühlenden Fahrtwind genoß. Vor mir lag der Fluß, die Wüste reichte an beiden Ufern bis ans Wasser. Kein Leben ringsherum, nur das Schiff tuckerte gemächlich stromaufwärts. Der Sonnenuntergang zauberte Farben in den Sand, die man wirklich nur dort erleben kann. Dann kam sehr rasch die Nacht. Immer mehr Sterne wurden erkennbar, bis sie wie eine dicht gewobene Decke den Himmel von Horizont zu Horizont überzogen. Immer wieder schossen Sternschnuppen aus dem

Nichts, verglühten bedächtig wie die Reste eines Feuerwerks. Nachdem wir stundenlang gesungen und auch den arabischen Reisegenossen heimatliche Lieder gelernt hatten, erlebten wir vom Schlafsack aus dieses Schauspiel hoch über uns. Die Vroni lag neben mir, das weiß ich noch ganz genau, und ich spürte sehr viel. Aber während der ganzen Reise war nie die Rede davon. Dafür haben wir uns nachher drei Jahre lang auseinandergestritten. Was auch immer später gekommen ist, die Fahrt auf dem Nil blieb mir als einer der friedlichsten Momente in Erinnerung. Aber zurück zum Original:

Nicht einmal im Rückblick war die Bahnfahrt ein ungeteilter Genuß. Aber immerhin: Der Endpunkt unserer Schiffsreise, Wadi Halfa, auf jedem Globus eingezeichnet, konnte als Gruß der Zivilisation Mangos, Wasser und Luncheon Meat bieten. Sogar einige Häuser gab es zu sehen. Wenn man sich die Wüste wegdenkt, glich es einem sibirischen Kaff, wenn man einige Cowboys dazugibt, einer Wildwestkulisse.

Wir stiegen wieder auf die Bahn um. Die zehn Europäerlein waren gut im Organisieren - wir hätten fast Platz genug zum Schlafen für jeden reserviert, wenn nicht... Doch in der Wüste blieb alles noch recht friedlich. Wenn es ein Haus zu sehen gab, hielt der Zug eine halbe Stunde, man stieg aus, spielte im Sand, blödelte, sang, dann ging im Zug die Party weiter. Allmählich trudelten die ersten Sudanesen ein, sie sahen ein, daß sie nicht auf unsere Plätze durften (wo zu dieser Zeit noch jeder genügend Platz zum Ausstrecken hatte), setzten sich also auf den Boden und vermauerten mit Koffern, Körben, Kanistern, Sätteln usw., den Ausgang. Langsam wurden wir dann auch einige Plätze los, Beharrlichkeit führt zum Ziel. Und Hartherzigkeit fällt diesen Leuten gegenüber sehr schwer, die trotz all unseres abweisenden Getues immer freundlich blieben. Mit Ausnahmen fand jeder einen Platz zum Ausstrecken und konnte sich über Nacht vom Wüstensand zudecken lassen.

Irgendwann am Morgen tauchte dann zur Rechten der Nil auf, während sich zur Linken, nur einige hundert Meter vom Ufer entfernt, die Wüste ausbreitete. Vereinzelte Sträucher, später sogar Bäume, unterbrachen hie und da die Öde. Ein schmaler Streifen von Kulturen säumte das Ufer, Dattelpalmen und Gärten, manchmal Lehmhütten mit Haustieren. Weiter entfernt vom Fluß, auf der anderen Seite des Bahndammes, waren gelegentlich Zelte aufgebaut.

In Atbara kamen die Leute und es wurde Mittag. Der weiße Luxus wurde enteignet und nivelliert, sodaß zwar jeder einen Sitzplatz hatte (sofern er ihn nicht unvorsichtigerweise verließ), aber keinen Platz zum Bewegen. Dazu kam die Hitze und der

Fahrtstaub bildete nach wie vor eine dichte Wolke im Waggon. Ich verzog mich ins Gepäcksnetz und starb.

Wieder dasselbe Problem: die Aufzeichnungen sind so lapidar, beschränken sich auf die Aufzählung einiger Meilensteine, während aus meiner Erinnerung ein viel lebendigeres Bild auftaucht.

Ich erinnere mich an das endlose Durchgerütteltwerden auf den Holzbänken. Mein Hemd hatte ich vor den Mund gebunden, um atmen zu können. Dort, wo Haut an Haut klebte, und das war fast überall, floß mein Schweiß gemeinsam mit dem meines Nachbarn. Gelegentlich versuchte ich, diesen mit meinem Ellbogen einige Zentimeter wegzudrängen, aber was half es. Meinen Trinkwasservorrat benützte ich, um mir den Rücken und den Bauch abzukühlen, später begnügte ich mich mit der kühlenden Wirkung meines Schweißes. Ich lernte, das Schwitzen zu genießen.

Die Fenster waren klein wie in einem Hühnerstall, aber immer noch groß genug, daß man Kinderärsche zum Pinkeln hinaushalten konnte. Wehe, du wolltest in so einem Augenblick nach dem Wetter schauen! Aufs Häusl gehen war illusorisch, auch dieser Platz war als Sitzplatz okkupiert, zwei Leute ringelten sich um das Loch im Boden. Du mußtest also

bis zur nächsten Station sparen und sparen und sparen, dort stürzte dann alles aus dem Waggon, hockte sich in einer Reihe neben das Gleis und pinkelte. Die weite Galabia (für alle, die noch nicht in Ägypten waren: dieser arabische Kittel, er schaut ein bißchen aus wie ein langes Nachthemd) ist recht gut dafür geeignet. Nur Michel und ich wanderten hundert Meter in die Wüste, weil dort ein Telegraphenmast stand, den wir anschiffen konnten.

An was man sich alles erinnert.

## KHARTOUM

Ich bin also im Gepäcksnetz gestorben.

lm Paradies wachte ich auf. Statt Wolken gab es Wasser, was an sich keine so ungewöhnliche Umwandlung ist. Petrus war kohlrabenschwarz und trug eine Galabia und der lb. Gott schwamm als riesiger Autoschlauch in der Mitte des Himmels. Anstatt der Aufschrift „Paradies" gab es ein Schild "Members only, blah, blah". Natürlich waren wir keine Members, so nutzten wir unsere Stippvisite ohne viel zu fragen aus, bevor man versuchte, uns wieder loszuwerden - was auch recht bald geschah. Erwartungsgemäß stellte sich die ganze Sache als ein Mißverständnis heraus, aber zu dem Zeitpunkt frohlockten wir bereits im Swimmingpool und gingen auch nicht so schnell wieder heraus. Wir waren im sudanesisch-holländischen Tennisclub gestrandet, was solls. Der Aufpasser hatte unsere Hautfarbe als Mitgliedsausweis gelesen. Als er den Irrtum erkannte, war es zu spät - Mitternacht -, wir schliefen auch noch im Club. Für den Aufpasser muß das eine schlaflose Nacht der Existenzangst gewesen sein, die er uns mit einem Hinausschmiß um fünf Uhr morgens heimzahlte.

Waun jetzt net glei ana wos zum Saufn
voabeibringd ...Da Nil hot den an
Nochdeu: daß's links und rechts kane
Beisln gibt, wo ma se einesetzn kinnt.

Vier Tage im Blue Nile Hotel und nach den ersten Energieausbrüchen bewegen wir uns kaum mehr aus dem Bett. Das Kleeblatt hat sich ein bißchen zerfranst, wir haben getrennt neue Freunde gesucht; einen, bei dem wir jetzt wohnen, und einen, bei dem die Vroni schwimmen gehen kann und wir das Nachsehen haben. Die Herren von der österreichischen Botschaft - zu denen gehört der Letztere - halten auch auf Etikette.

Khartoum, als geplante Kolonialstadt, wächst nicht viel über das Wildwestbild Wadi Halfas hinaus. Ein pseudoeuropäisches Zentrum, in dem alle Regierungs- und Verwaltungsämter untergebracht sind, in dem die Flug- und Ölgesellschaften ihre ungewöhnlich bescheidenen Vertretungen haben und die Botschafter einander durch das Fenster auf den Schreibtisch schauen können, ist auf der einen Seite von der Nilpromenade mit ihren Hotels und auf der anderen Seite von den Sukhs begrenzt. In ein quadratisches Straßennetz geordnet, dehnen sich die Wohnviertel gegen Osten aus, Lehmhäuser mit verschachtelten, ummauerten Höfen, manchmal klebt an der Außenmauer ein kleiner Laden. Die Straßen kann man dem Geruch nach in Scheiß- und Schiffstraßen einteilen, nur im Sukh selbst übertünchen die Gerüche von Weihrauch, Gewürzen und Sandelholz diese Grundtönung.

Noch immer in Khartoum. Heute ist es richtig kalt, fast wie in Europa, das erste Mal, daß ich hier Gänsehaut habe. Den Muhammed, unseren Gastgeber, haben wir anscheinend aus seiner Wohnung verkrault, er läßt sich jedenfalls kaum mehr blicken. Ich fühle mich in unserem Palast nach einer Dusche sauwohl. Es sind sogar genügend Tschik da, die zu kaufen mich der Michel genötigt hat.

Der Khartoumaufenthalt entwickelt sich zu einem großen Schnorren. Wir wohnen gratis bei Muhammed, als öffentliches Verkehrsmittel dienen uns

Privatautos - das Stoppen in der Stadt funktioniert
wunderbar, und vom Fahrer springt recht oft noch
ein Bier ab. Über Vronis Aufriß haben wir einigen
Kontakt mit der Botschaft, der gestrige Sonntagsausflug in den Scrub geht auf ihr Konto. Wir fuhren
einige Stunden mit dem Landrover durch halbwüs-
te Gegenden, fütterten an einer ixbeliebigen Stelle
im Gestrüpp die Ameisen mit dem kostbaren Dattel-
schnaps, statt Unsereins waren also die Viecher besoffen und der Rest der umgeschütteten Flasche ver-
sickerte im Sand. Dann ließen wir uns noch einmal
so lange auf Wüstenpisten durcheinanderschütteln.

Man kann sich in Khartoum einigen - natürlich nur
relativen - Komfort leisten, indem man sich einladen
läßt. Die Sudanesen sind das gastfreundlichste Volk,
das ich je kennengelernt habe. Wenn man gerade allein ist, setzt man sich in das „Yoghurtgeschäft" und
wartet auf Bekannte. Bei der Größe Khartoums müssen wir als weißes Kleeblatt und ständige Autostopper bereits stadtbekannt sein. Einmal hat uns beim
Stoppen sogar der Numeiri huldvoll zugewunken, er
muß unsere ausgestreckten Hände falsch verstanden
haben. Wenn man gerade genug hat vom Yoghurtgeschäft, setzt man sich ins British Council zum Zei-
tunglesen. Die sudanesische Tageseinteilung (von
sieben Uhr bis Mittag etwas arbeiten, dann schlafen
oder etwas Tee saufen, abends von sieben bis zehn
nocheinmal arbeiten, wenn man unbedingt will) ist

uns noch von unseren mitteleuropäischen Gewohn-heiten überschattet, sodaß wir den Arbeitstag regel-mäßig verschlafen und uns dann wie kranke Fliegen durch die Mittagshitze schleppen, wenn alles unter den Bäumen schnarcht, jedes Geschäft zugesperrt hat und es still ist wie bei uns um drei Uhr morgen. Dafür brauchen wir den Abend zum Erholen, wenn alle anderen wieder munter sind.

Eine besondere Anziehungskraft besitzt der Markt von Omdurman, der alten Hauptstadt. Hier findet die Grenzlage zwischen dem tropischen Af-rika und dem Wüstengürtel ihren wirtschaftlichen Niederschlag: Man handelt Felle und Lederwaren aus dem feuchten Süden, Sandelholz und Gewürze verbreiten süße Duftwolken über ganze Straßen-züge, aus dem Osten kommt alles, was ein kamel-züchtender Nomade mit Zöpfen braucht: Messer und Schwerter in Scheiden aus Schlangenleder, Peitschen, Decken und Sättel. Das Herumwühlen macht Spaß, das Kaufen kostet Geld. Man kennt uns draußen im Sukh schon, wir können kaum durch eine Gasse gehen, ohne auf einen Tee eingeladen zu werden. Besonders nach abgeschlossenen Geschäf-ten äußert sich die Freude darüber häufig in einer Teeparty. Nachdem Vroni heute mit Souvenirs wie ein Packesel beladen aus dem Sukh ausgezogen ist, hat sich ihre Kauflust auf meiner Seite in einer Tee-völlerei ausgewirkt. Ich habe zwar nichts gekauft, aber immerhin etwas geschenkt bekommen: ein Gemisch aus Mineralien und Kräutern, angeblich zum Zaubern, „magic". Nach fünfminütigem Blödeln mit dem Standlbesitzer hatten wir eine Zuschauerschaft wie bei einem Landesligamatch. Es ist leicht, die Leute zum Lachen zu bringen, zumal sie das soundso die ganze Zeit tun. Ein Schmäh wird gewöhnlich durch Schulterklopfen und Handschlag als solcher verifiziert. Man sollte die Sudanesen in Österreich ansiedeln, ihnen wäre zwar dauernd kalt, aber dafür würde keiner arbeiten und in Wien gäbe es keine Raunzer.

An Hautfarben gibt es hier alles, von uns Weißlingen und ähnlichen Kolonialderivaten angefangen bis zum schwärzesten Schwarzen. Letztere machen auf mich noch einen freundlicheren Eindruck als die Arabermischlinge. Zwei Meter lange Gestalten sind unter ihnen keine Seltenheit. Wir kommen im Land der Riesen sehr häufig nur zum Anblick einer spindeldürren Gürtellinie, wenn wir uns beim Konversationmachen nicht die Hälse ausrenken wollen.

Den Staatsstreich - der wenige Tage vor unserer Ankunft über die Bühne gegangen ist - hätte ich fast vergessen: Man merkt außer Soldaten und Panzern, Ausgehsperre und zerschossenen Gebäuden kaum mehr etwas. Im Nada Soda Fountain sieht es aus wie nach einer Wildwestkeilerei: zerschossenen Fenster,

Kugeln in der Theke und eine Blume in einem Ein-
schuß im Spiegel.

## EISENBAHN

Gestern um 14 Uhr 30 hatten wir zwar schon aus
Erfahrung gewußt, was eine Zugfahrt vierter Klasse
im Sudan bedeutet, aber im Vertrauen auf unsere
Überlebensfähigkeit das Abenteuer - gezwungener-
maßen - noch einmal gewagt. Die Taktik, einen Platz
zu ergattern, hatten wir inzwischen von den Sudanesen gelernt und konnten sie diesmal auch er-
folgreich einsetzen. Der Bursche, der die beiden
Sitzplätze für seine Stammesangehörigen bereitge-
halten hatte, fiel genauso auf unseren Trick herein,
wie wir es früher waren. Er nahm meine Bananen
dankbar an, zeigte sich gesprächig, machte ein etwas saures Gesicht, als plötzlich unsere Rucksäcke
im Gepäcksnetz lagen. Und als ich mich nach fünf
Minuten Stehen aus lauter Müdigkeit - natürlich
nur vorübergehend - hinsetzte, mußte er doch ein
Stückchen rücken. Aufgestanden bin ich dann lange
nicht mehr, nur zum Fenster gerückt, um dem Michel Platz zu machen, der inzwischen den Kampf um
die Fahrkarten überstanden hatte. Unser erster Sieg
mit afrikanischen Waffen warf natürlich das Problem

aller Eroberer auf - man muß besetztes Gebiet auch irgendwie halten. Einige Zeit nur zu dritt auf einer Bank, sonnten wir uns im Glanz unseres Erfolges, während sich die übrigen Leute bereits auf dem Boden und auf den Sitzlehnen breitgemacht hatten. Ein ganzer Stamm aus der Gegend von Malakal drängte sich im Waggon, erkennbar an den einheitlichen Narben und derselben Haartracht - rotgefärbte. zurückgekämmte und angeklebte Haare à la Elvis auf Sudanesisch.

Wenn sich jemand bewegen wollte, oder gar auf dem Gang durch den Waggon gehen, machte das Turnübungen sowohl von seiner Seite notwendig, als auch von Seiten derer, auf die er nicht steigen sollte. Gewöhnlich regte sich dann auch der ganze Waggon über derartige Unternehmungen auf. Wir verhielten uns also anfänglich recht ruhig und mußten schließlich doch hinnehmen, daß wir unsere Bank nach einiger Zeit bereits zu fünft, später schon zu sechst teilten. So und so schon schwitzend, klebten wir jetzt Körper an Körper aneinander, und auch gelegentliche Befreiungsversuche mit dem Ellbogen hatten nur sehr kurzfristigen Erfolg.

Der Zug braucht für eine Strecke von ca. 400 km zwanzig Stunden. Das kommt zum Teil von der Fahrtgeschwindigkeit, die es jederzeit gestattet hätte, risikolos abzuspringen, zum Teil auch von den langen

Aufenthalten, die uns als Erfrischungspausen will-kommen waren. Wenn der Zug in eine Station ein-fuhr, ging das Gelaufe los - auf dem Bahnsteig, um Tee, Eier, Brot, süßes Gebäck und Mangos an den Mann zu bringen, im Wagen, um den Hürdenlauf zur Freilufttoilette zeitgerecht zu schaffen. Es gab sich dann alles den jeweiligen Geschäften hin. Man stand neben dem Waggon und aß, was angeboten wurde, und drei Meter weiter hockte die zweite Gruppe im Sand und gab zurück, was früher einmal angeboten worden war. An den Geruch hatten wir uns schon ge-wöhnt, im Wagen stank es auch nicht besser, etwas mehr nach Schweiß vielleicht.

In einem Viehwaggon zu fahren, macht zwischen-menschliche Beziehungen nicht einfacher. Es koste-te immer einige Schwierigkeiten, unsere Plätze wie-der zurückzubekommen. Weit unangenehmer war es allerdings für jene, die neu zustiegen. Die ganze Volkswut gegen die unerträglichen Zustände entlud sich gegen sie.

Als einmal eine Gruppe in an der Eingangstür erschien, um sich auch noch im Waggon nieder-zulassen - ich hätte nicht gewußt, wo -, führte das zunächst einmal zu einem Aufstand derer, die mit ihren Kisten, Matten und Babys beim Eingang ihr Lager aufgeschlagen hatten. Durch den Lärm auf-geschreckt, sah sich schließlich auch die restliche

Waggonbelegschaft in ihrer Existenz bedroht. Aus dem allgemeinen Wortgefecht entwickelte sich bald eine halbe Schlägerei, im Laufe derer es einem Eindringling gelang, in den Waggon vorzustoßen - wo er zu seiner Enttäuschung von Platz zu Platz weitergestoßen wurde. Zumindest in diesem Fall entwickelten alle eine gewisse Solidarität. Am anderen Ende des Abteils entschwand er meinen Blicken. Ich hätte eigentlich bei dieser Station aussteigen wollen, mußte mich aber mit der Erkenntnis abfinden, endgültig in einem Gefangenentransport gelandet zu sein. Irgendwie wirkte das beruhigend auf mein Bewußtsein, denn es gelang mir, zwischen schwitzenden und dreckigen Körpern eingezwängt, selbst schwitzend und auch nicht rein, für einige Zeit einzuschlafen. Den Rest der Nacht nahm ich nur gelegentlich in halbbewußtem Zustand wahr.

Man kann sich an viel gewöhnen, aber diese Fahrt schlug sich in einer außergewöhnlichen Reizbarkeit nieder. Der nächste Morgen sah mich mit einem brummenden Kopf und dem Verlangen, aus dem Käfig auszubrechen.

Was ich auch tat. Nach einem Tee am Morgen verbrachte ich die restliche Bahnfahrt stehend im Gang der ersten Klasse (in der zweiten Klasse stank es zu penetrant nach Kinderscheiße), später auf dem Trittbrett, mit einer verschlossenen Tür im Rücken.

Nur einmal noch brachte mich auf dieser Fahrt etwas durcheinander. Ich war gerade dabei, mich von Trittbrett zu Trittbrett schwingend - die Tür war wie normal blockiert - in unsere vierte Klasse zurückzuklettern, als plötzlich einer aus der am Trittbrett hängenden Traube meinte, für mich sei kein Platz mehr. So hing ich also auf der äußersten Kante des Trittbretts, konnte gerade noch einen Handgriff erreichen, und stritt mich mit dem blöden Hund, der dazu noch Anstalten machte, mich hinunter zu drängen. Der Zug hatte gerade an dieser Stelle seine absolute Höchstgeschwindigkeit von vielleicht vierzig Stundenkilometern erreicht, um zum Schluß noch Eindruck zu schinden. Hinausfallen wäre nicht unbedingt gefährlich gewesen, aber Nachlaufen immerhin unangenehm.

Na ja, es ging alles gut, es gelang mir schließlich, mich in den Waggon hineinzuquetschen.

Auch Bahnfahrten sind endlich, sogar im Sudan.

Es ist Mittag, und mir ist fast kalt, wenn ich im Schatten sitze. Zumindest in Bezug auf meine Temperaturempfindlichkeit bin ich bereits ein Schwarzer geworden. Ebenso, was Fleiß und Strebsamkeit betrifft. Sechs Tage Nichtstun, und die Tage verfliegen nur so. Bis um neun Uhr im Bett, dann treibt mich gewöhnlich das Verlangen nach einem Tee aus der nicht allzu bequemen, aber immerhin gewohnten Stahlfederpritsche, die wir mit einer Bastmatte beschlafbar gemacht haben. Die Teestunde dauert wirklich eine Stunde, man muß Luxus genießen, obwohl das Luxusbewußtsein nicht immer den knurrenden Magen vergessen lassen kann.

Die 1.Klasse-Kähne des Konvois sind uns nun endgültig versagt, nachdem wir anfangs versucht hatten, uns europäische Extrawürste herauszunehmen und als feine Pinkeln im Antimoskitokäfig auf dem Dach die Landschaft genossen hatten. Oder uns von ihr fadisieren ließen. Seit Malakal gibt es nichts als Sumpf. Vom Schiff aus sichtbar ist nur der enge Kanal zwischen dem zwei bis drei Meterhohen Papyrus- und Schilfdickicht. Ein Blick auf die Landschaft am Morgen belehrt uns gewöhnlich, daß es nichts Neues gibt und läßt uns diesen Aspekt der Reise für den Rest des Tages vergessen. Das Schiff gleitet im Schneckentempo zwischen den grünen Wänden dahin, der Wasserweg dazwischen ist übersät mit Inseln von violett blühenden Wasserhyazinthen. Unsere vergebliche Ausschau nach Krokodilen haben wir uns auch schon abgewöhnt, wenn wir etwas sehen, das mit einiger Phantasie etwas anderes als eine schwimmende Insel sein könnte, einigen wir uns darauf, es sei ein Krokodil, um unsere Sensationsgier zu befriedigen. Aber ich bezweifle, daß je ein richtiges darunter gewesen ist.

Nachdem uns Landschaft und Fauna so im Stich lassen, was bleibt schon anderes über, als daß wir uns auf näherliegende Dinge konzentrieren? - Essen und Schlafen also. Dazwischen bleibt noch ein bißchen Zeit für die Befriedigung des Kulturbedürfnisses. Michels Shaw-Ausgabe habe ich leider schon fertiggelesen, nun kommen die Memoiren daran, die mich heute schon einen Vormittag der Überwindung gekostet haben. Sehr viel Zeit verwende ich auch auf das ln-den-Tag-Träumen, lasse Bilder aus England und Vorstellungen über den kommenden Herbst an mir vorüberziehen, ohne viel Sentimentalität. Und ohne das Gefühl, das hier und jetzt haben zu wollen, einfach als angenehmen Zeitvertreib, als Kinoersatz, mit dem Unterschied, daß diese Phantasiewelt wesentlich direktere persönliche Bezüge zuläßt. Ich liege also in der Koje, starre das Stahlgitter des Bettes über mir an und träume mich durch England. Die Erinnerung an England ist manchmal mit der Erinnerung verbunden, in der Früh eine „Guards" zu finden, dies wiederum mit dem Gedanken, daß Michel über mir noch eine Schachtel der sündteuren „Champion" hortet, ich lasse also das Träumen sein, trete nach oben, „Gibt's noch Tschik?", warte, bis eine Hand mit einer Zigarette zwischen den Betten erscheint, und stehe darauf vor dem Problem, entweder den Gedanken an das Rauchen fahren zu lassen, oder das Träumen, da es in nächster Umgebung keine Zünder gibt. Ich krieche zur Abwechslung also wieder einmal aus dem Schlafsack, gehe die Stiegen hinunter ins Erd-(oder Fluß-)geschoß, wo in der Wasser-, Koch- und Scheißecke am hinteren Ende immer einige Frauen hocken, die auf ausgeschnittenen Dosen über glühenden Holzkohlen unidentifizierbare Breie für ihre Familien- und Stammesangehörigen brauen und die übrige Zeit Wäsche waschen. Ich schleiche mich also an eines dieser Patentöflein, stehle mir Feuer für meine Zigarette, dann verdrücke ich mich aus dem Schußfeld der mißtrauischen Blicke, die mir noch minutenlang im Rücken hängen bleiben. Wir haben nie versucht, mit den Frauen Kontakt zu machen und sie umgekehrt auch nicht, obwohl es für uns vielleicht vorteilhaft wäre, da dabei eine Lösung für unser Versorgungsproblem herausschauen könnte. Aber man kennt ja hier nie die Reaktion, vielleicht holen wir uns nur verbrühte Füße.

Die Zigarette ist längst fertig geraucht, auch einige Seiten geschrieben, nachdem ich es hier auf dem unteren Deck recht gemütlich gefunden habe. Eine der Hauptlehren dieser Reise: alles ist sehr relativ – Bequemlichkeit, Hygiene, Luxus. Heute gehe ich sogar schon manchmal auf das 3.Klasse-Klosett, aber ich wasche mir immerhin noch die Füße nachher. Noch eine Woche länger hier, und auch dieser letzte Rest mitteleuropäischen Reinlichkeitsempfindens ist dahin.

Was nach wie vor knurrt, ist mein Magen. Es ist inzwischen immerhin schon zwei Uhr geworden. Für drei Uhr hat uns jemand etwas zum Essen versprochen, ich bin neugierig, was daraus wird. In den letzten Tagen aßen wir einmal täglich im Restaurant, Hungerportionen, dafür sauteuer. Es ist an der Zeit, daß wir andere Nahrungsquellen erschließen. Unsere Diät ist für mein Empfinden bereits unter das Minimum gesunken. Die Grenze haben wir zu jenem Zeitpunkt unterschritten, als Essen nichts Erfreuliches und Genußvolles mehr war, sondern zu einem Augenblick des In-den-Magen-Hineinstopfens wurde, gefolgt vom ratlosen Unbefriedigtsein nachher, vielleicht noch einem Fluch als Nachspeise, wenn's hoch herging. Du schiebst ekstatisch deine fünf Bissen alle zur gleichen Zeit in den Mund, dann starrst du wieder in den Fluß und denkst dir „Das ist es also gewesen für heute". Unterschied zwischen vorher und nachher gibt es keinen, außer daß nun die Vorfreude weggefallen ist. Ich schreibe jetzt vor dem Essen, und es fällt mir ein wenig schwer, das Gefühl nachher vorwegzunehmen. Nachdem ich nicht intelligent genug bin, um aus der Erfahrung zu lernen, freue ich mich wieder einmal, trotz allem, auf das Essen.

Wir haben kurz nach diesen Zeilen das Warten auf den freundlichen Menschen aufgegeben und uns trotz aller schlechter Erfahrungen ins Restaurant gesetzt. Dort servieren zwei „Kellner" in Galabia und Emma gewandet, mit bedächtigen Bewegungen und stoischer Ruhe. Die Art, das Besteck aufzulegen und die Rechnung zu präsentieren, haben sie von den Engländern gelernt. Überall stößt man hier auf diese Relikte aus der Kolonialzeit, das Schiff selbst ist eines. Wir sagten den beiden, sie sollten uns einmal ordentlich servieren, wir seien am Verhungern - wobei ich als Beweis oder Gegenbeweis meinen Bauch zur Schau stellte. Nachdem sie nicht wissen, wie ich vorher aussah, kann das ruhig als Beweis für den Verlust von fünf Kilos gelten. Die Portion, die wir dann vor uns hatten, war etwa viermal so viel wie normal (acht Bröckchen anstatt zwei), worauf wir befürchteten, erste Klasse bezahlen zu müssen. Nach dem Prinzip, erst einmal konsumieren, das Zahlen verweigern kann man immer noch, verdrängten wir die Unsicherheit, aber ganz sorglos war der Genuß doch nicht. Sie hätten uns gleich sagen können, daß das nicht mehr kostet, wie sich später herausstellte, und das Essen wäre ein Fest gewesen. Auf jeden Fall hatten wir bei Kaffee und Zigarette ein sehr zufriedenes Gefühl und mußten nicht in den Fluß starren, was uns eine ausgedehnte Mittagspause mit vielen schönen Träumen aus besseren Tagen bescherte. Ob sie wirklich besser waren, bezweifle ich, besser als jetzt geht es nicht, ein voller Bauch, Nikotin in der Lunge und eine Pritsche unterm Hintern - was könnte es darüber hinaus noch geben? Oder doch. Die Vorstellung war stellenweise nicht ganz jugendfrei, ich wachte mit so eigenartigen rhythmischen Bewegungen auf, ein erstes Anzeichen dafür, daß mir anscheinend doch noch etwas abzugehen beginnt.

Wia ma in Khartoum woan, im Restoraun,
do haumma de Kugln aus da Bar
aussagletzld. Gegenüba, hinta da Thekn,
do woan a boa Schbiagln, da ane woa
gaunz zaschossn, da aundere hot nua a
Loch ghobt, do haums a Blume
einigschdeckt. Daun san ma mim Schiff
gfoan, von Kosti noch Dschuba, zehn Dog,
des Schiff voa uns des haums ind Luft
gjogd. Oba mia san trotzdem gfoan. Mia
haum si nix aungschißn. Auf unsan Schiff
san a de Soidodn umanaundagrennt mid

da durchglodenen EMBI, oba mia haum si nix aungschißn. Und des Schiff hod Lecha ghobd und de Grokodü san umanaundagschwumma, oba mia haum si nix aungschißn. Und an Hunga haumma ghobd, und waun ma was gfressn haum, dann haumma uns aungschißn.

Der zehnte Tag, heute kommen wir nach Juba. Seit einem Tag, seit Bor, ist die Landschaft interessanter. Wir haben das endlose Schilf des Sudd hinter uns gelassen, jetzt säumt lichter Wald mit hohem Grasunterwuchs den Fluß. Etwas weiter vom Ufer entfernt breitet sich Savanne aus, vereinzelt sieht man weit draußen Gruppen von schwarzen Punkten: Strohhütten und Rinder-herden. Über den lehmigen Uferabfall, einige Meter hoch, können wir gerade vom obersten Deck aus ins Land schauen. Wir schauen und schauen, und unsere Großtierausbeute ist fabelhaft: die Nasenlöcher eines Krokodils, der Hintern eines Nilpferdes im Sumpf und ein paar Affen auf einem Baum. Das Schiff ist zusammengelaufen, um ihnen zuzuwinken.

Seit Bor ist es auch auf dem Schiff interessanter: Auf dem obersten Deck wurde eine Barrikade aus Sandsäcken errichtet. Die Soldaten tragen ständig ihre Maschinenpistolen spazieren, schlafen auch mit der MP. Wenn wir mit ihnen Karten spielen, starren uns diese Dinger an. Dieser Blick ist unangenehm, aber wir haben uns daran gewöhnt. Wenn ich vom obersten Deck aus die Landschaft betrachte, dann denke ich mir immer zuerst aus, wo ich mich verstecken könnte, wenn es los geht. Es hält sich das Gerücht, daß das Schiff vor dem unseren von Aufständischen angegriffen worden sei; wir können es nicht verifizieren.

## JUBA

Juba, Juba, Juba, Juba, Juba - seit Samstag nichts als JUBA.

Kennst du den Sudan, in Afrika,
das Städtchen Juba, des kennst daun a
umringt von Rebellen
so lieblich und schön
ja, das ist Juba, Stadt am Weißen Nil
am Weißen Nil
(Melodie: Kufsteinlied)

In hundert Variationen tobt sich die Phantasie des österreichischen Kulturinstitutes aus, einquartiert im Polizeihauptquartier Equatoria, Süd-Sudan,

täglich beschattet von zwei Polizeischackln. Das „Be-
schatten" ist auch wörtlich gemeint: Sie stehen uns
oft genug in der Sonne. Geradeausgehen - Mafisch
(dt.: geht net) Juba liegt dort hinten. Malakia - Mafisch. Die Grenzen von Juba - Nil, Aerodrom (wenn
man Glück hat, steht dort ein Armeeflugzeug), Ar-
meehauptquartier - sind die Grenzen unserer Be-
wegungsfreiheit. Verbindungen mit der Außenwelt
sind: Flugzeug - zu teuer; Nilschiff - das erste fährt
erst nach einer Woche; und der Konvoi zu den anderen Dörfern Equatorias, der zu dieser Fahrt einen
Monat braucht. Die Falle öffnet sich erst wieder
nächsten Sonntag, und dann erwartet uns wieder
eine siebentägige Schiffsreise. Ich mag gar nicht die
Hoffnung niederschreiben, daß uns ein Armeeflugzeug mitnehmen könnte, dieser Satz klingt wahrscheinlich schon morgen veraltet. Jedenfalls sind wir
heute den ganzen Tag auf dem Flughafen herumge-
krochen und immer wieder vertröstet worden, zum
Schluß auf morgen. Die Hoffnung ist da, außerdem
muß man sich schließlich mit irgendetwas beschäfti-
gen, also werden wir morgen wieder fleißig dippeln.

Wenn die Hoffnung auf ein Militärflugzeug sich
schließlich als Ente herausgestellt haben wird, haben wir noch einige andere Arbeiten auf Lager: z.B.,
um eine Photographiergenehmigung beim Informa-
tionsamt ansuchen. Nachdem wir in Mangala mit
unseren Kameras einen Volksaufstand angezettelt

haben und uns bei unserer Ankunft in Juba deswegen gleich eine Polizeieskorte - freundlich immerhin - aufs Hauptquartier schleppte, wo diese Angelegenheit ohne viel Aufhebens geregelt wurde, trauen wir uns nicht mehr, die Kameras zu benützen. Nicht wegen der Polizei, die sich sehr zurückhaltend zeigte (der Film wurde uns abgenommen, aber wieder versprochen, woran ich nicht glaube, aber das ist eine Aufgabe für einen anderen Arbeitstag), sondern wegen der Leute, die auf uns als einzige Weiße soundso mit Argusaugen starren, und dann vor allem Auffassungen entwickeln, die uns einfach unverständlich sind. Immer wieder kommt jemand und will uns etwas erklären oder wirft uns etwas vor, unverständlich, wie gesagt, nicht der Sprache, sondern des Inhalts wegen. Sein lautstarker Sermon bewirkt, daß wir uns innerhalb einer Minute im Zentrum eines Auflaufs befinden, nicht mehr weg können, und keiner eigentlich weiß, was los ist.

Zum Beispiel in Malakia:

Good morning, my friends, how are you?

Guten Morgen, meine Freunde, wie geht's?

Guten Morgen.

Was tut ihr?

Herumgehen.

Kommt mit mir, kommt in meine Hütte, dort gibt es alles!

Wir hatschen zögernd hinter ihm her. Seine Lautstärke hat bereits alle Köpfe zwischen den Hütten in Sichtweite nach uns ausgerichtet. Plötzlich, von hinten:

How are you, my friends? Kommt mit mir, geht nicht mit diesem Mann, er arbeitet für mich, Arbeiter, ich Chef - schaut ihn an - er arbeitet für mich. Wollt ihr gehen mit diesem Mann?

Ich arbeite für dich, aber jetzt keine Arbeit, ich frei.

Kommt, hört nicht zu. Jetzt keine Arbeit.

Ein Dritter mischt sich ein: Gibt es Schwierigkeiten, kann ich helfen?

Wir: Nein, danke, o.k.

Die anderen beiden zetern in steigender Aufregung weiter, gegeneinander und auf uns zu, der Dritte versucht, etwas zu erklären, ringsherum scharen sich mindestens fünfzig Leute, es ist unmöglich, einfach abzuhauen. Der Arbeitskonflikt, der auf der Ebene des sozialen Status ausgekämpft wird, ist uns noch verständlich.

Aber der Dritte: Hör her! Bist du ein Mensch? fragt er mich.

Was sagst du?

Hör her, hör! Bist du ein Mensch?

Ja. Warum?

Bist du ein Mensch?

Ja, warum, ich versteh dich nicht.

Seid ihr Menschen?

Du, i glaub, mir reißn liaba o!

Jo, oba de rennan uns jo alle noch.

Are you a human being?

Ihr wollt mit diesem Mann gehen? Ich bin sein Arbeiter, ja, aber jetzt keine Arbeit.

Warum wollt ihr nicht mit mir reden?

Schaun ma, daß ma zum Autobus kumman!

Jo, i schau e, oba de san jo net zum aunbringa.
Ja, vielen Dank, aber wir müssen zurück nach
Juba. Thank you, thank you,massalam.

You want to go with this man?

Good bye, massalam!

Einer ist nach einiger Zeit abgeschüttelt, der andere wundert sich noch immer, ob wir wirklich Menschen sind. Aus der Traube sind wir auch schließlich ausgebrochen, nur der Chef hängt uns noch am
Hals. Nach vielen „Thank you" und „Massalam" und
„the next time" sind wir endlich wieder allein.

Fünf Minuten später:

Good morning, how are you?

Guten Morgen!

Seid ihr aus Israel?

Wir sind schnell in einen Seitenweg abgebogen.

So etwas passiert fast jeden Tag. Wir sind froh,
wenn wir allein sind, oder uns mit normalen Leuten

unterhalten können. Aber der Prozentsatz der Durchgedrehten - von unserem Standpunkt aus - ist unerträglich hoch. Die Leute hier haben anscheinend die Mischung von afrikanischem Dorf, englischer Kolonialisierung und Missionierung und schließlich arabischer Kolonialisierung nicht ganz durchgehalten. Sie fügen von allem Bruchteile zu einer uns einfach unverständlichen Anschauungs- und Verhaltensweise zusammen. Als Weiße sind wir zum Beispiel das bevorzugte Opfer von Händeschüttlern. Schließlich haben ja das die Engländer so gemacht. Öfter kommt auch eine Portion Kritik in die Unterhaltung hinein, aber völlig irrational, zusammengesetzt aus einem sehr beschränkten Weltbild, christlicher Phraseologie und natürlichem wie auch propagiertem Antikolonialismus.

Auf dem Schiff zum Beispiel:

Seid ihr Journalisten?

Nein.

Warum?

Weil wir keine Journalisten sind.

Warum gebt ihr nicht zu, daß ihr Journalisten seid? Zahlt euch die Regierung?

Nein, wir zahlen uns selbst.

Nachdem es unvorstellbar ist, daß jemand inoffiziell und mit wenig Geld reisen kann, ist der Schluß entweder:

1. wir reisen auf Kosten eines reichen Vaters, der die Leute ausbeutet, und sind deshalb unmoralisch.

Oder 2. wir sind Journalisten, was auch schlecht ist.
Auf jeden Fall sind wir

3. unmoralisch, unehrlich und unchristlich, weil wir 1. oder 2. nicht zugeben.

Ansonsten gibt es über Juba nicht viel zu berichten: Uniformen überall, ein Buchgeschäft mit einer Auswahl von dreißig bis vierzig Büchern, zwei davon lesbar, ein Restaurant, in dem man normal essen kann und wo es Eier gibt, Spital, Provinzverwaltung, ein großes Gefängnis, Kirchen, über Schulen bin ich nicht informiert, Schneidereien und Einheitsgeschäfte mit vielen Stoffen und einigen einfachen Konsumgütern, die von Geschäft zu Geschäft die gleichen sind.

Wetter: Regenzeit. Das heißt: vormittags schön, mittags ziehen Wolken auf, spät nachmittags ist es dann bedeckt, manchmal regnet es, nicht übermäßig viel.

Das Kulturinstitut sprüht. Kostprobe gefällig? (Melodie: „All we are saying" - John Lennon:)

everybody's talking ´bout airforce airplane
Khamal el Bakhr
Chief Commander
Government Palace
Bukran, Mister
but all we are saying
is give us a plane.

Da gibt es viele Strophen davon. Österreichischer geht's auch. Schließlich singen wir immer auf Alpen-ländisch, wenn wir nachts unsere Rückkehr in unse-re Schlafecke im Polizeihauptquartier ankündigen. Das war immer so unangenehm, wenn wir durch das Tor in den Hof kamen und der Scheinwerfer strahlte uns an und die Wache legte das Gewehr auf uns an. Seitdem wir immer fünfzig Meter vorher zu singen anfangen, weiß er, wer da kommt, und schreckt sich und uns nicht mehr.

Also:

Wos is heit fia Dog?

Heid is Sau-aumsdog.

Heit is Polizeidog.

Waunn olle Dog Saumsdog wär,

daun wärn ma lustge Leit juchhe usw., usw.


Sonntag: Malariadog


Montag: Malakiadog


Dienstag: ersta Airportdog


Mittwoch: zweita Airportdog


Donnerstag: Governor's Dog


Freitag: wiss ma nu net Dog


Samstag Schiff kummt dog


Sonntag: Obfoatsdog.


Wos is heid fia Doog?


Heute ist Di-iensdoog, der 30. August 1971, zehn
Uhr dreißig. Das Schiff hat nach einer eintägigen
Irrfahrt durch die Sumpfseen, nach einer Strandung

und einem fünfzehnstündigen Rettungsmanöver endlich seinen Weg in den Schifffahrtskanal gefunden und fährt wieder gemütlich einmal links, eine halbe Stunde später rechts im Schilf auf, was allgemeine Fröhlichkeit hervorruft. Ich habe eine Art Hitzschlag überwunden und bin nach Tee und Banane fast so munter wie das Schiff.

Was soll man über's Faulenzen schreiben? Dreiviertel der Zeit in der Koje, nur über Mittag wirds unerträglich. Gestern hielt ich tapfer im Backofen durch, mit dem Erfolg, daß ich den Rest des Tages halbbetäubt herumschlich. Meine Furcht, zur Prüfung zu spät heimzukommen, ist ziemlich verflogen. nachdem man soundso nichts ändern kann, hat es keinen Sinn, sich darüber zu sorgen - wumm, wieder einmal im Schilf aufgefahren. Es geht dahin wie auf einer Bobbahn - mit feinen Unterschieden, was die Geschwindigkeit betrifft.

UND WIE KOMMT MAN HEIM?

11 Tage sind seit der letzten Eintragung vergangen. 11 Tage einer Kafkaeske. Aber „Recreasal Tonic restores emotional well-being". Das Zeug schluck ich jetzt dreimal täglich. Vitamin B12.

Der Hitzschlag erwies sich als recht langlebig. Ich rührte mich für den Rest der Fahrt kaum mehr aus der Koje. Teilweise, besonders bei Regen, war es soundso so kalt, daß es mir nur im Schlafsack gemütlich schien. In den Hungerstreik trat ich auch bald, da sich schließlich schon bei dem Gedanken an den sudanesischen Fraß und das Nilwasser im Trinkglas mein Magen umzudrehen begann. Es mehrten sich also die Anzeichen, daß ich mir etwas Gröberes zugezogen hatte, wobei sowohl die Schwächung als auch der Gedanke an das Kranksein meine Stimmung unter den Nullpunkt sinken ließen. Mein einziger Gedanke: ein Flugzeug nach Europa.

Malakal: Polizeikontrolle.

Kosti: Polizeikontrolle

Der Zug fährt erst am Abend ab, in der Zwischenzeit fällt einem Polizeischakl ein, daß man uns eine Polizeieskorte nach Khartoum mitgeben könnte, weil das Visum abgelaufen ist. Wir hatten schon zwei Wochen vorher ein neues beantragt und bezahlt. Auf der Polizeistube vergißt man uns, wir kramen die Karten aus dem Gepäck und spielen vor den Beamten eine Schnapspartie. Als der Zug endlich da ist und wir erkennen, daß wir zum Platzbesetzen zu spät daran sind, fallen wir mit Schimpftiraden über die Polizisten her, schnappen die Rucksäcke und verlassen das ungemütliche Quartier. Die Pässe nehmen wir ihnen vorsichtshalber auch wieder ab.

Ich konnte zu diesem Zeitpunkt keine Sudanesen mehr riechen, überhaupt konnte mir der ganze Sudan gestohlen bleiben, die Verspätungen, Verpflegungs- und Transportschwierigkeiten, die Leute, die Zachheit, mit der alles durchgeführt wird, besonders aber die Polizei. Als wir in den Zug einstiegen, existierten die Einheimischen für uns nur mehr als Aggressionsobjekte.

Wir setzten uns einfach auf einen besetzten Platz, erklärten, daß wir nicht mehr gehen wollten, schimpften auf Deutsch, fingen aber doch an zu lachen, als wir erkannten, daß unser Opfer ein Handelspartner vom Vortag war, von dem Michel das Hemd anhatte. Im allgemeinen Gelächter wurden die Hostilitäten begraben.

Als uns dann die Polizei doch wieder aufstöberte, gingen die Schimpftiraden noch einmal los. Unter dem Gelächter der Passagiere und der Polizisten selbst verschossen wir Material für ein Dutzend Amtsehrenbeleidigungen, worauf die Polizisten unter Entschuldigungen abzogen, aber doch mit unseren Pässen. Die Polizisten waren zwar weg, aber das rote Tuch blieb: eingepfercht zwischen Leuten, die ich gut genug kenne, um zu wissen, was ich von ihnen zu erwarten habe, deren voraussehbares Verhalten aber doch gehörig von dem abweicht, was man in Mitteleuropa von einem Mitreisenden erwartet; in einem körperlichen Zustand, der mir das Essen oder allein den Gedanken daran zur Qual machte; die Ungewißheit, was mit mir eigentlich los ist; und die Gewißheit, daß ich unter diesen Umständen noch etwa fünf- bis sechstausend Kilometer durchmachen muß. Mein Gemütszustand schwankte zwischen totaler Stumpfheit und Aggression.

Vierundzwanzig Stunden später hat uns Khartoum wieder - und natürlich die Polizei. Mein einziger Wunsch: ein Apfel, eine Dusche und schlafen.

Man weiß, was man von der sudanesischen Polizei zu halten hat, deshalb wehren wir uns, auf die Wachstube mitzugehen - drei bis vier Stunden herumsitzen sind uns sicher. Bitte nicht, unter diesen Umständen! So viel geschimpft und gestikuliert wie auf dem Bahnhof von Khartoum habe ich seit Kindheitszeiten nicht mehr. Bis ein Polizist daraufkam, daß man uns doch den Amtsehrenbeleidigungstrick drehen könnte. Womit wir endgültig in der Scheißgasse saßen und ich mir bereits die Knasttage ausrechnete. Eine Woche vielleicht? Oder zwei Jahre? Die Prozedur dauerte bis nach Sonnenuntergang, bis man uns nach alter Sitte auf "bukra" vertröstete - was von Anfang an unser Wunsch gewesen war. In

102

manchen Bereichen haben wir die hier üblichen Erwartungen schon verinnerlicht.

Mir war's zu blöd, am nächsten Tag auf die Polizei zu hatschen, ich schickte also Michel allein und besuchte die österreichische Botschaft, wo man uns vorwurfsvoll fragte, was denn eigentlich los gewesen sei. Natürlich nichts. Aber es war ein Telegramm vom Außenamt in Wien gekommen, das besagte, daß Stahl und Bednar in Juba im Gefängnis säßen, man sich um ihre Freilassung kümmern soll und die Tickets bei der Lufthansa bereits gebucht wären. Ich wußte zwar von meiner Verhaftung nichts, aber der Dr. Palla hatte immerhin Scherereien mit der Polizei gehabt, die ihm mitteilte, daß wir nicht verhaftet wären, Kosti bereits passiert hätten und bald in Khartoum eintreffen würden. Deshalb also die dauernde Polizeibegleitung! Ich wurde also wieder zur Polizei geschickt, zum Verhör beim Chef höchstpersönlich. Die eine Sache noch nicht erledigt, fängt schon wieder die nächste an. Es schien unmöglich zu sein, einen Tag ohne fünfstündigen Polizeibesuch hinter sich zu bringen. Im Innenministerium am Nilufer steht der Magnet, der uns nicht losläßt.

Beim Verhör setze ich mich vor dem Offizier auf einen Sessel, er fährt mich an, ich solle gefälligst stehen, ich stell mich also hin. Die Krankheit hat mir die Knie so weich gemacht, daß ich nach einigen

Minuten schon wieder sitze und auf alles scheiß. Er fährt mich wieder an und so weiter.

Das Verhör geht vorbei, wir bekommen die Pässe wieder einmal zu sehen. Ich hatte beschlossen, das Flugticket vom Außenamt anzunehmen, wenn ich ernstlich krank wäre, und damit meinen alten Wunsch vom Heimfliegen zu verwirklichen. Nach der Polizei besuche ich das Spital, wo sich mein Verdacht auf Gelbsucht bestätigt. Immerhin, ich habe damit eine Entschuldigung, auf alles zu scheißen und am Freitag mit dem nächsten Lufthansaflug abzuhauen. Vielleicht bin ich nur dazu krank geworden, der Gedanke an Krankwerden und Aufallesscheißenkönnen hat mich schon in Juba angezogen, wo ich mir auch die Infektion holte.

Am nächsten Tag ist der Paß weg, verloren. Einen Nachmittag lang liege ich flach in meinem Hotelbett und Albträume von Polizeistuben, Außenämtern, Lebensabend im Sudan, von der Botschaft zur Polizei und von der Polizei zur Botschaft geschickt werdend, zweimal täglich. Nach einigen Ausbruchsversuchen hat mich das Labyrinth unwiderruflich gefangen. Ich liege in irgendeiner Gasse und verlege mich aufs Schnaufen, denken ist nicht möglich.

Am Abend finde ich den Paß auf der Post, wo ich ihn mittags liegen gelassen habe. Alles ist geritzt.

Das Flugticket kommt am Donnerstag, und dann geht es direkt nach Wien, mit 7000 Schilling Schulden, drei Monate ins Spital, ein Semester beim Teufel, aber ich komme aus dem Mausloch heraus.

Natürlich nicht. Am Donnerstag sind die Tickets immer noch nicht da. Ich sehe mich noch eine Woche in Khartoum herumhängen. Schließlich ist die Sache ausschließlich für mich und für niemand anderen wichtig.

Die Ostdeutschen sind nett. Bei einem zufälligen Besuch bei der Interflug machen sie mir ein Angebot, mich für 94 Dollar nach Berlin zu fliegen. Ich nehme an, zehn Dollar bleiben mir dann noch in der Tasche, das sind 3,3 sudanesische Pfund, genau das, was ich hier noch für Hotel und Airporttaxe auslegen muß, in Berlin stehe ich dann ohne einen Groschen. Aber am Sonntag bin ich in Europa, mit Gelbsucht und bis aufs Hemd pleite.

Ich besuche noch einmal die Österreicher, storniere alles, anscheinend im Ton der Verzweiflung, denn Palla bietet mir an, mir fünfzig Dollar zu borgen - das Zugticket Berlin-Wien wäre damit bezahlt. Zwei Stunden später kommt ein Anruf von der Lufthansa, die Tickets wären hier. Ich beschließe, Interflug treu zu bleiben, fünftausend Schilling zu sparen und den Gang ins Spital noch zwei Tage aufzuschieben.

Der Lufthansaflug wäre heute gewesen. Ich sitze nach wie vor im Blue Nile Hotel, Michel und John sind gestern nach Atbara abgerissen, und ich bin guter Hoffnung und ernähre mich von Datteln. Mein Urin ist wieder heller geworden, vielleicht vergeht die Gelbsucht auf demselben Weg wie sie gekommen ist: durch Wunschdenken. Das Ticket hätte ich jetzt schließlich in der Tasche.

Erst als ich wirklich im Flugzeug saß, glaubte ich es langsam, daß es jetzt doch heimwärts geht. Zu Hause wurde ich dann im Spital aufgepäppelt und das Linzer Tagblatt brachte sogar einen mehrteiligen Reisebericht.

Die sudanesische Gastfreundschaft ist phantastisch: nicht aufdringlich wie in manchen Ländern des Nahen Ostens, sondern angenehm und großzügig. Man fühlt sich nie durch den Gastgeber in seiner Freiheit eingeschränkt, wie das so oft der Fall ist. Während unseres Aufenthaltes in Khartoum regnete es Einladungen. Wenn ich allein ausgehe, kann ich sicher sein, innerhalb kürzester Zeit in einem Restaurant mit einem Einheimischen bei einem Bier zu sitzen, das in diesem Land für uns unerschwinglicher Luxus ist. Kostenloses Privatquartier ergibt sich innerhalb weniger Tage, und sämtliche europäischen Freunde erzählen uns, auch sie hätten inzwischen „ihren Sudanesen" gefunden, bei dem sie wohnen können. Das scheint hier die Regel zu sein, nicht die Ausnahme. Von Zeit zu Zeit geschieht es, daß wir etwas essen oder trinken gehen und später daraufkommen, daß die Rechnung bereits bezahlt ist. Der Spender sitzt irgendwo an einem Nebentisch. Oder daß uns jemand ohne weiteren Grund einen größeren Geldbetrag zusteckt. Das ist mehr als einmal geschehen. Eine Gruppe von Sudanesen müßte in Österreich bitter enttäuscht sein ...

mit uns und der Welt zufrieden in einem Restaurant Platz genommen haben, streckt sich uns die erste Hand entgegen. Zu ihr gehört ein abstoßend verkrümmter Körper und ein ausdrucksloses Gesicht mit halb geschlossenen Augen. Diese Gestalt spezialisiert sich später anscheinend auf uns; wo auch immer ich stehe, wenn ich mich umdrehe, habe ich seine Hand vor der Nase. Wenig später will ein Bub mit total zerfressener Wange unbedingt ein Bakschisch von uns. Einige dieser Bettler kommen regelmäßig zur gleichen Zeit in den Gastgarten, es tauchen aber immer wieder neue Gestalten auf. Am Straßenrand hocken immer einige Leprakranke, andere bitten mit verstümmelten Händen, manchmal hoppelt jemand auf Händen und Knien die Straße entlang. Wir kommen uns trotz unserer finanziellen Schwierigkeiten unverschämt reich vor.

Am Anfang der Reise hatten wir noch versucht, so hygienisch wie möglich zu leben, aber es war aussichtslos, nun trinken wir bedenkenlos das gefilterte Nilwasser, diese bräunlich-trübe Flüssigkeit, die uns zum Essen gereicht wird — mit dem Erfolg, daß ich einige Wochen später im Krankenhaus liege. Aber diese Erfahrung ist anscheinend notwendig, um zu begreifen, mit welchen Schwierigkeiten das tägliche Leben in diesem Land verbunden ist.

Schwerarbeit allerdings ist es, zwei Kojen gegen den Willen eines Reisegefährten zu ergattern, der im Namen seiner Stammesgenossen einen Großteil der Schlafplätze mit Taschentüchern behängt und damit für besetzt erklärt hat. Eine längere Schimpferei auf Shilluk — Massenhysterie bricht hier normalerweise beim Besteigen von Zügen oder Schiffen aus —, dann setzt sich die sudanesische Gutmütigkeit durch, und wir vertragen uns als Bettnachbarn für den Rest der Reise recht gut.

Das Schiff ist ein Prototyp sudanesischer Verkehrsmittel: als einzige Verbindung mit dem Süden befährt es den Weißen Nil bis Juba, nahe an der Grenze zu Uganda, und braucht für die 1600 km lange Strecke zehn Tage, fährt mit fünf Schubkähnen, vielen Soldaten und stammt aus der Kolonialzeit. Unsere Reisegenossen wissen, was sie erwartet: Sie nehmen den gesamten Haushalt auf das Boot mit: Matratzen und Bettzeug, Öfen und Brennstoff, Geflügel als Reiseproviant und Wecker, „dura"-Mehl zum Brotbacken; rohes Fleisch wird zur Freude sämtlicher Nilfliegen über unseren Kojen zum Dörren aufgehängt, und der Geruch erinnert mich tagelang an Schlachthaus. Auf einem Beikahn muht und stinkt eine Rinderherde, unter unserem Fenster sind einige Ziegen und Schafe angebunden. Wir befinden uns auf einem schwimmenden Bauernhof, und so geht das Leben an Bord weiter, wie man es vom Dorf her gewohnt ist: man kocht, wäscht, versorgt Kinder, tratscht und spielt Karten. Wenn jemand eine Schüssel Eßbares fertigbereitet hat, werden die Bettnachbarn zusammengerufen, alles hockt sich im Kreis um die Schüssel und greift mit den Fingern zu.

Der Fluß präsentiert sich zunächst als ausgedehnte, ruhige Wasserfläche, bedeckt mit violett blühenden treibenden Inseln, die, als Wasserpest verschrien, die Schiffahrt behindern und deren Einschleppung abwechselnd den Engländern oder den Amerikanern in die Schuhe geschoben wird. Hinter dem Ufer breitet sich endlos weit Grasland aus, unterbrochen von lichten Baumbeständen, unter denen sich Rinderherden sammeln. Wenn plötzlich einige Einbäume in Ufernähe auftauchen, sich die Viehherden mehren, vielleicht einige Frauen in togaartig über die Schulter gebundenen Tüchern am Nil Wasser schöpfen, so ist um die nächste Ecke sicher ein Dorf zu erwarten: eine Vielzahl kegelförmiger Strohhütten im Schatten eines Palmenhaines, einige große, schlanke Krieger mit Schultertuch, Schild und Speer, natürlich lässig an letzteren gelehnt und sinnend auf den Nil hinausblickend.

Dieser erste Eindruck des Südens wird noch ausgeschmückt durch die Gestalten, die kurzfristig an Bord kommen, um in das nächste Dorf weiterzufahren: lange, kräftige Kriegertypen (die Durchschnittsgröße dürfte bei 1,90 m liegen), einige von ihnen schleppen Speere oder Bogen und Köcher mit auf das Boot, zumindest aber eine Raufkeule und ein Holzschild. Viele tragen Bandagen, wie die Keule anscheinend ein Statussymbol. Ein Eingeweihter kann aus den Gesichtsnarben die Stammeszugehörigkeit ablesen; auch andere Attribute, wie Schmuck und Kleidung, wechseln regional. Kommunikation mit diesen Dorfleuten ist für uns unmöglich, sie sprechen außer ihrer Stammessprache meist nur noch ein wenig arabisch, und so sind wir in der Unterhaltung auf gebildetere Leute aus den Städten oder auf arabische Reisegenossen angewiesen, die ihre einfacheren Landsleute manchmal herablassend behandeln und sich gleichermaßen für deren Vorhandensein entschuldigen.

Im Föhn verweht das Löwenhaar,
des Löwen Mähne wird bald gar.

# NO SOMOS TURISTAS

*Campamento Internacional Julio Antonio Mella bei Caimito, ca. eine Autostunde von Havanna. Ein internationales Arbeitscamp mit jungen Leuten aus Westeuropa und Kuba. Arbeit am Bau und in der Landwirtschaft, Diskussionen, tanzen, lieben und eine Rede Fidel Castros.*

Da ist also das Land der Spontanisten – Kuba. Ich sitz im Speisesaal des Campamento, spontan geflüchtet vor der Moskitokanone, die mich unter dem Moskitonetz herausgeschossen hat.

Es gibt da einige Fakten zu erzählen, die zu jeder Reise gehören, aber das Ordnen ist so eine eigene Sache nach einem verschwitzten, moskitozerstochenen Arbeitstag.

Da war natürlich eine Reise zu überstehen, 21 Stunden im Flugzeug. Aufgekratzt sind die Leute im Gang herumgestanden, haben kennengelernt, geradebrecht, gerade nicht gebrochen, gesungen und falsch auch, hundertmal die Internationale; ermüdend war es, und der Rumgenuß bei der Ankunft erhöhte den internationalen Wortschatz.

Ein Spalier klatschender Kubaner stellte uns vor die Frage, ob wir „Hallo Fans" winken oder jedem vor Freude die Hände und die Schultern schütteln sollten. Wir lachten und es war ein Bedürfnis, zu lachen. Zu lachen und zu singen, tanzen, feiern. Das hat bis heute angehalten.

Ein Höhepunkt dieser Art war das gestrige Zufallsfest, einziger Anlaß waren zwei Trommeln auf dem Camp - Platz, einige südamerikanische Rhythmen, und hundert junge Leute aller Schattierungen von Schwarz bis Weiß tanzten; allein, in Ketten, in Tanzspielen, gesungen wurde, geklatscht, ein Fest unter dem freien Himmel, ein freies Fest, das befreiendste seit langem, Archetyp eines Festes. Der Regen trieb uns in die Halle, aber nicht ins Bett.

Gearbeitet wird auch und die Hitze und die Feuchtigkeit sind schwer und treiben Schweiß und Adern auch beim Rasten aus der Haut. Trotzdem, es geht, und nur wenige reißen sich einen Haxen aus dabei. Der lange Hans, Mann mit vielen Untertiteln, entwickelte sich zum Helden der Arbeit. Zehn Brigadisten stehen und klatschen, wenn er eine Scheibtruhe schiebt, eine sorgfältig unhebbar beladene. Und der Schmäh rennt zick - zack über die Baustelle, der Arbeit nach. Das soll nicht heißen, daß nicht gearbeitet würde, nein, nein. Das sagt nur, daß es trotzdem ein Stimmungshoch geben kann, auch unter Regen und Moskitos, trotz Blasen an den Füßen von den neuen Schuhen. Bei der Heimfahrt besingt dann ein von der Erde rotbeschmierter Haufen den Arbeitshelden und sonstige Revolutionshelden. Ein übervolles Abendmahl, bei dem sich die Tische nur ihrer blechernen Stabilität wegen nicht biegen, gespickt mit allen leiblichen Genüssen von Bier über Eis und Kuchen bis zu Kaffee und dicker Havanna, leitet zum nächsten Fest über.

Das Vorwissen war natürlich untrügbar. Ein Tisch fängt auf Deutsch zu singen an, ein anderer folgt auf Französisch, die Portugiesen schütteln zu ihren Revolutionsliedern im Takt die Fäuste, der Refrain wird international mitgeklatscht. Es ist heiß und keiner spürt das brennende Gesicht. In der Mitte des Kreises brennt das Verstehen, das gleiche Ziel, das Bewußtsein der Gemeinsamkeit. Die Moskitos stehen auf verlorenem Posten, wenn es nach uns und unseren Liedern ginge, das gesamte Heer von Unterdrückern, Besitzenden, Generälen. Die Fäuste sind stark in der freien Luft. Immerhin, es gibt einen Platz, wo sie stark sind. 21 Flugstunden, auf der anderen Hemisphäre, eine Insel unter der Sonne.

No somos turistas.

Das heißt, wir müssen auch arbeiten. „Companero a trabjar" holt uns der Morgenmarsch aus dem

Schlaf. Um 6h verschlafen zum Frühstück, Zigarettenverteilung. Gottseidank gibt es in der Speisehalle so viele Bekannte zum Anblödeln. Dabei werde ich langsam wach.

Anstellen bei der Krankenschwester um ein Pflaster für jede Zehe, und dann zum Autobus zu spät kommen. Immerhin, wenn ich mit einem anderen Auto auf unserer Baustelle in „Los Naranjos" um eine halbe Stunde verspätet ankomme, ist die Arbeitsverteilung gerade erst abgeschlossen.

Dann allerdings spritzt der Schweiß aus allen Löchern, waagrecht, der Arbeitshelm wird immer schwerer und rutscht über die Augen, die Sonne brennt auf fünfzig gebückten Rücken. Die Hacke wird sehr schwer und der rote Lehm will nicht auf die Schaufel. Zur Pause gibt es Schatten und Trank, eine Jause, und es geht weiter bis ein Loch ist, wo ein Hügel war, und ein Hügel, wo ein Loch war. Es arbeiten viele Leute statt eines Bulldozers, dafür aber gibt es viel Arbeit in Kuba, immer viel Arbeit.

Und vieles ist gemacht worden, soweit man sieht. Die auffallendsten Gebäude in dem phantastischen Palmenpark sind die neuen Schulen an jeder Ecke, ästhetisch angelegt und sauber. Die Wassertürme sind nicht zu übersehen, deren Wasser überall erfrischt, ohne Bauchweh zu erzeugen. Daneben, unter schwingenden Palmen, in einem südseeromantischen Gewirr von Bananen und Blütensträuchern eingenistet, alte strohgedeckte Hütten. Der clichégewohnte Tourist in mir freut sich.

Also, es gibt viel Arbeit in Kuba, und das Alte und nicht Erneuerte ist schön, wenn man weiß, daß alle zu essen haben. Die Arbeit geht immer langsamer voran, man sucht sich von Zeit zu Zeit einen Steherjob, Leerläufe sind fast immer drin und nicht unwillkommen. Es zwingt keiner zur Arbeit, und man arbeitet, soviel man will und kann. Unser sechzigjähriger kubanischer Vorarbeiter arbeitet 10 Stunden, auch wenn nur acht vorgeschrieben sind. Wenn ich ihn sehe, greife ich auch wieder lieber zu, um mich nicht beschämen zu lassen. Vor dreißig Jahren, so erzählt er, wurde man hinausgeschmissen, wenn irgendwie bekannt wurde, daß man eine Pause eingelegt hat. Heute steht er, wenn er will, und arbeitet sehr viel.

Mittagspause, Siesta, der Wind bläst kühl im Schatten, alles liegt herum, ich bin so aufgekratzt, daß ich nicht schlafen kann, ich suche mir immer jemanden zum Reden.

Jetzt, abends, geht es genauso. Es war Kino und keine Möglichkeit zum Reden, also hatte ich Zeit zum Schreiben.

Da das Kino jetzt aus ist und sich alles um die runde Freiluftbar am Dorfplatz drängt, wo ich weiß noch nicht was ausgeschenkt wird, zieht es mich auch hinaus – ich muß doch nachschauen.

Wir haben einen Sonntagsausflug hinter uns, 15 Autobusse, eine ganze Armada bediente uns. Nach dem Ausflug ging es, total kaputt, gegen Ende des Nachmittags an einen Strand bei La Habana. Alles war wie immer vorbereitet, Fressen, Saufen, Musik, die Organisation ist unwahrscheinlich. Die Pause war nur zu kurz zum Erholen. Immerhin, die Karibik war warm und das Schwimmen angenehm.

Wenn heute Sonntag ist, wird gestern wohl Samstag gewesen sein. Die Arbeit auf der Baustelle, ausnahmsweise um eine Stunde verlängert, zog sich endlos. Der Höhepunkt war der Sprung in die Tonne mit dem Mischwasser für den Beton, ein Luxusswimmingpool für meinen schweißverschmierten Körper.

Auch schwere Arbeit geht vorbei. Samstag nachmittag ist frei, allerdings ausgefüllt mit einer unproduktiven Produktionsbesprechung. Ein Wasserfall von Zahlen, wertlos, weil nicht vergleichbar, rauschte an unseren Ohren vorbei, alles andere als erfrischend.

Dann kam der lang erwartete Spaziergang zu den Hügeln, die der Aussicht hier das heimische Gepräge geben. Aufgehalten durch ein längeres Gespräch, eingeschüchtert durch Regenwolken und ein zeitiges Abendessen, gelang uns gerade ein Spaziergang über die nächsten Felder, das Ausbrechen aus der Campisolation blieb im Ansatz stecken. Dafür ergaben sich dabei die ersten persönlicheren Kontakte, etwas, das ich bisher ein bißchen vermißt habe.

Am Abend konnte ich diesen Nachholbedarf endlich voll decken. Ich blöder Hund will mir ein bestimmtes Mädchen aufreißen („wollen" ist etwas viel gesagt, es lag irgend so etwas in der Luft). in meinem Kontaktbedürfnis bin ich heuschreckmäßig von Blume zu Blume gehüpft und hab mit allen recht angenehm geblödelt, bis ich vom Tanzen und Trinken flach lag und das betreffende Mädchen mit einem anderen schmuste. Die anderen Bekanntschaften, die sich gestern ergeben haben, waren aber doch wichtiger als dieses verpaßte Erfolgserlebnis.

Die Musik ging in den Körper, daß es mich bis zum Hemdzerreißen über die Tanzfläche jagte. Ich lag dann k.o. auf einer Steinbank, müde zum Ins-Bett-fallen und doch an die Tanzfläche gefesselt. Das Mädchen, das sich dann mitfühlend dazusetzte, ist mir bis heute treu geblieben, allerdings ohne die geringste Absicht, hier dem üblichen Paarungstrieb zu folgen. Ich will weiter Grashüpfen, obwohl mir hier nach einer Woche ein wenig die Körperwärme abzugehen beginnt. Abgesehen von mir ist das allgemeine Paarungsspiel in vollem Gang, das wird in nächster Zeit die vielseitigen Kontakte wahrscheinlich abwürgen. Scheiße.

Heute sind noch einmal 100 Companeros eingetroffen, sodaß die ganze Geschichte ziemlich unübersichtlich wird. Müdigkeit beginnt sich langsam einzunisten. Dagegen hilft nur dauernde Bewegung, sonst falle ich irgendeinmal wie ein angestochener Luftballon zusammen.

Eine Zusammenfassung dieser Woche: Viel Arbeit, einmal wurden mir die Sonne und das dauernde kalte Trinken zu viel und ich mußte aussetzen. Nach dem morgendlichen Wanken zum „Wawa" (Autobus) bliesen einem die Lieder der portugiesischen Genossen den Schlaf aus den Ohren. Jetzt, da wir wieder allein, das heißt, nur Deutsche und Österreicher, im Bus sind, gehen mir die Portugiesen recht ab. Immerhin haben wir von ihnen das Singen und auch die Lieder gelernt.

Die Arbeit auf der Guajava-Plantage war manchmal ein starkes Kommunikationserlebnis, wenn alle sangen oder blödelten und möglichst eng beieinander arbeiteten, um ja in Kontakt bleiben zu können.

Oft natürlich war es einfach Arbeit, anstrengend und in der Hoffnung abgeleistet, daß bald der Bus mit der Merienda (Jause) zwischen den Bäumen aufkreuzt. Solche Stunden wurden mit vielen Tratschpausen überwunden, aber allgemein herrschte die Einstellung vor, daß wir eine Verpflichtung haben, zu arbeiten. Heute, in der Zitrusplantage des Plan „Ceiba", zu dem die landwirtschaftlichen Flächen gehören und der aus einer brachliegenden Latifundie hervorgegangen ist, war die Arbeit mit der Machete besonders hart. Keine Wolken vor der Sonne, Schlaf ganz tief in den Knochen, wollte die Machete nicht ins Gras beißen. Von Zeit zu Zeit kam der große Gewissensschub und ich fertigte einige Baumscheiben ab, bis aus meinem müden Kopf wieder ein zwingendes Pausenzeichen vernehmbar wurde. Ein bißchen schlechtes Gewissen habe ich schon.

Die Müdigkeit wurde nur angenehmer durch die Erinnerung an das Müdwerden. Die Diskussion über unsere Arbeits- und Gruppenprobleme dauerte bis Mitternacht, bevor ich mich abseilte und zu meinen französischen Freunden setzte. Diese Ruhe der Nachmitternacht war wie Medizin. Kaum noch Leute auf dem Campplatz, das Bewußtsein der getanen Arbeit - wenn das nicht so pathetisch klänge -, der Augenblick der Einheit mit sich und der Umgebung, tropische Nacht und Musik, ohne Rhythmus, viel Melodie und weiche Stimmen. Lieder aus Frankreich,

Spanien und Chile in einem Kreis von Freunden, zu dem auch Monique gehört, die ich sehr gern bekommen hab. Ich übernachtete dann im Frauenschlafraum, trotz Hitze, Schweiß und Minibetten, wie ein toter Frosch alle Vier steif in den nicht vorhandenen Raum gespreizt, bis mich ganz kurz nach dem Einschlafen der Lautsprecher mit dem morgendlichen Wecklied „Companero a trabajar" aus dem Schwitzkasten riß. Ich schlich mich wie ein Dieb aus dem Schlafsaal, bevor die anderen Frauen auf böse Gedanken kommen konnten. So kam es, daß ich zwar der erste beim Frühstück, aber der Müdeste bei der Arbeit war.

Ich erwähne nur kurz den soeben verstrichenen Ausflug in das Dorf Guayabal, wieder ein enthusiastisches Kommunikationserlebnis, durchgeführt auf zwei Ebenen: Der einen der Freundlichkeit, Herzlichkeit und Gastfreundschaft, aber im Banne der frustrierenden Sprachbarriere. Ich ging in Häuser, spielte mit Kindern, soff mit Kubanern und wir konnten nichts ausdrücken ohne uns auf die Schultern zu klopfen als Zeichen, daß wir trotz des Nichtverstehens gute Freunde sind. Die andere Ebene wurde durch die Übersetzertätigkeit Moniques erreicht, wir sprachen mit einigen Arbeitern, die absolut hinter der Revolution stehen und auch die Verhältnisse vorher kannten. Unser Hauptgesprächspartner war sechzehn als er die Revolution erlebte, es gab wenig

Arbeit und sie mußte in weiter Entfernung gesucht werden. Erst durch die Revolution konnte er schreiben und lesen lernen, besucht heute mit einunddreißig eine Abendschule und ist eine intelligente und verantwortungsbewußte Persönlichkeit, soweit der kurze Kontakt eine Einschätzung erlaubt.

Die theoretischen Gespräche unterminierten keineswegs die unmittelbare Herzlichkeit, im Gegenteil. Die Abschiedszeremonie war wie unter Freunden vor einer dauernden Trennung, wir winkten dem Lastwagen nach, mit dem sie zur Jorge Dimitrov-Schule weiterfuhren, die auch eine selbständige landwirtschaftliche Einheit darstellt und in deren Rahmen sie dieselben Arbeiten verrichten wie wir in unserem Plan Ceiba.

Es ist Samstag abend, Fiesta, die Musik spielt bereits, ich gehe.

Es lagen einige Tage dazwischen, die mit Gastritis beschissen waren. Diese Itis macht mir besonders nach der Nachmittagsmerienda zu schaffen. Seit Anfang dieser Woche arbeiten wir am Preßlufthammer, an dem das Schönste das Aufhören ist.

Am Sonntag ging es zu einer Bananenplantage und nachher in das Tourismuszentrum Soroa, recht fein, aber diese Erholungsaufenthalte sind

durch ständige Terminrestriktionen immer stark be-
schnitten Ich werde mir die Gegend auf den Photos
zu Hause anschauen. Nach so einem Erholungsauf-
enthalt auf dem Land freut man sich wieder redlich
auf das Campamento. Erstaunlich ist der Organisa-
tionsaufwand für die 200 Brigadisten. Wo immer wir
hinkommen, steht Essen und Bier bereit, wenn wir
es aber frei kaufen wollen, gibt es immer Komplikationen. Man muß entweder eine leere Flasche abge-
ben, einen Peso zahlen, oder es gibt das nicht, was
man will. Nachdem wir hier mit Freigetränken und
-fressen so verwöhnt werden, kommt es mir schon
abnorm vor, wenn ich wo zahlen muß.

Heute stand Havanna auf der Tagesordnung.
Eine mittelmäßig schöne, gut gelegene, etwas he-
runtergekommene und baufällige Stadt. Nachdem
alle Investitionen auf dem Land getätigt werden, hat
Havanna seinen Hauptstadtglanz beträchtlich ein-
gebüßt.

Vormittags allein! In der Altstadt und an der Ma-
riconda baden, den Seewind um die Ohren wehend,
bis das feudale Mittagessen im Havanna Libre mir
jegliche Energie aus dem Kopf und aus den Glie-
dern verjagt hat. Nachmittags auf dem Leninhügel
(Regla), einem Slumviertel in wunderschöner Lage
über dem Hafen, ein Zentrum afrokubanischer Kul-
turtradition, der die Revolution ein wenig hilflos

gegenübersteht. Das Ganze ist ein stark in sich integriertes Dorf am Rand von Havanna, in dem eine ehrwürdige Schlägertradition herrscht, an die sich die Bewohner so gewöhnt haben, daß sie nicht mehr weg wollen. Die Luft ist so gut und alle Freunde wohnen dort. Verständlich.

Am Samstag war ein großes Besäufnis im Campamento, zu dem die meisten schon eine richtige Heimatbeziehung entwickelt haben. Wir sind bald ins Bett gegangen und mir ist das Fehlen einer privaten Atmosphäre zum ersten Mal ganz stark auf die Nerven gegangen. Zu zweit unter dem Moskitonetz im Schlafsaal, wo jeden Augenblick jemand das Licht aufdreht und vorbeihatscht. Beim Kopfende das offene Fenster in Bauchhöhe, vor dem sich das besoffene Festtreiben abspielt. Dauernd die Gefahr, daß dir beim Vögeln jemand einen eisgekühlten Rum über den Hintern gießt. Unter diesen Bedingungen wachsen in mir ganz starke Abstinenzwünsche.

Eine Rede Fidels zum Jahrestag der Gründung der CDR (Komitees zur Verteidigung der Revolution). Eine Million Leute sind auf dem Platz der Revolution versammelt. Viele sind auf eine liebenswürdig-lächerliche Art mit Papierblumen, Girlanden und dergleichen ganz kitschig geschmückt. Bei der Erwähnung und schließlich bei der Begrüßung Fidels gibt es besonders herzlichen Applaus und Sprechchöre. Ebenso bei der Erwähnung der Sowjetunion. Die Rede selbst ist kurz, aber sehr bewußt auf den Imperialismus in Lateinamerika bezogen. Ich habe bei uns noch nie eine derart international betonte Rede gehört. Die Entwicklung eines internationalen Bewußtseins in der Bevölkerung erscheint mir als eine der größten Errungenschaften hier. Der weltweite Klassenkampf ist überall präsent, besonders Chile. Keine Rede ohne die Erwähnung des chilenischen Faschismus.

Der letzte Tag im Camp. Die neueingependelte Routine wird wieder aufgebrochen.

Ein Taifun in der Nähe der Insel treibt heißen Dampf über das Land.

Der Dampf und die Gastritis haben mich zusammengeschlagen.

Heute ist die neugebaute Schule in Los Naranjos international eingeweiht worden.

Ich liege mit Monique im Schatten eines Baumes.

Mittag ist es in der Sauna.

Die Einweihung der Schule habe ich ausfallen und mir einen ruhigen Vormittag zukommen lassen.

Die Companeros hängen ziellos im raren Schatten. Aus den Schattenplätzen rinnen Schweißbäche.

Morgen - manana, vielleicht - werden die Compañeros an irgendeinen Strand fahren. Keiner weiß, an welchen.

Ich gehe eine Zigarette holen, ein Späßchen, um meinen Magen zu ärgern. Salbeitee und Peitsche für ihn!

She is completely wet, according to her own account. I believe her, uncritically.

Sind das Italiener hinter mir, oder was sonst für welche Genossen?

Nous parlerons français maintenant, frog language, s'il vous plait.

Nacht in Pina del Rio.

CAMPAMENTO
INTERNACIONAL
JULIO ANTONIO MELLA
CUBA

Quand je serai grand
vieux, je lirai ça
avec grand plaisir

Wenn ich alt sein werde,
werde ich das mit großem Vergnügen
lesen

Musik, Monique
Eiscreme und Bauchweh
und ein Sonnenuntergang.

## RÜCKFLUG

Je ne veux pas une bise. Pour changer, si nous faisions l'amour? Dis oui!

Ici?

Serait-ça trop incomfortable pour tes petites fesses?

Non, mais je n'aime pas les performances folkloriques.

Why folkloriques? Je suis trés serieuse.

Si l'avion va tomber maintenant, on peut faire l'amour une derniere fois. Viens!

Je bande!

Quand je sera vieux, je lira ça avec grand plaisir.

Ainsi tu ne m'oublieras pas tout de suite - tu attendras au moins une semaine?

es schwappt
das
Meer
am

Horizont
und der
hat einen
Sonnen
brand

gleich kommt die Flut
ich pass auf!
bald sicht kein
Land mehr, nur
Mond.

Es schwappt das Meer
am Horizont
und der hat einen Sonnenbrond
gleich kommt die Flut
o je, paß auf!
Bald siehst kein Land mehr, du, nur Mond.

# WINTERSPORT

Ein Blick auf meine kleine Welt des Hier und Jetzt. Sie ist so klein, daß sie gemütlich auf mein belegtes Brot paßt, diese Welt, und ich kann mit gekreuzten Beinen und Lachfältchen über sie hinwegschauen in die große Welt, die so groß ist, daß sie keine Konturen hat.

Aber von den Kleinen da unten kann mir keiner das Wasser reichen und wenn einer der Großen zu Pritscheln anfängt, geh ich soundso baden. Mir kann keiner das Wasser reichen. So gewachsen bin ich! Ich halte mich am rotgeflochtenen Hosenträger fest, um nicht in den Himmel zu wachsen, und die Welt verschwindet tief unter mir, bis ich sie aufs Butterbrot lege.

Und das nur deswegen, weil ich von Anfang an auf einem Stockerl gestanden bin! Da stand ich schön mit den Rücken zur Sonne, während die anderen ins Licht blinzeln mußten, und schon sagten sie „Sie" zu mir, während ich sie duzte. Oder ich lag faul im Bett mit genügender Bräune im Gesicht, während der neue Zimmergenosse seine Reisetasche auspackte, und schon stand ich auf dem Stockerl.

Da mag der auf diesem Stockerl noch so blitzdumm sein - womit ich natürlich nicht mich meine -
da mag also so ein braungebrannter Schilehrer noch
so blitzdumm sein, die vielen geschminkten Augen
und ungeschminkten Gesten lassen kein schlechtes
Haar an ihm. Dort, wo die knusprigen Gesichterlein
nicht so einfach hinleuchten können, vermuten sie
gutgläubig des Schilehrers beste Seite. Und wenns
doch nicht stimmen sollte, ist es meist zu spät, um
umzusatteln. Der Urlaub ist kurz und die Lust pressiert, und so bleiben alle gesattelt, wie sie gerade
sind. Auch wenn der Steigbügel beim Ohr herunter-
hängt.

Auch Mädchen haben ihre Geheimnisse, und des
Skilehrers Neugierde wird nimmer müde, selbst
wenn es sich schon zum zehnten Mal herausgestellt
hat, daß das Geheimnis wieder einmal dasselbe und
eigentlich ein alter Hut ist. Vielleicht beruht darauf
der gute Ruf der Schilehrer, daß sie mit immerfri-
scher Naivität dem Schatz der Damen nachspüren.
Die Mädchen belohnen solchen Eifer mit runden Augen und großen Erwartungen, und zum Schluß enttäuscht keiner den anderen.

Aber das ist ein langer Weg von den runden Augen bis zu den runden Lippen beim Abschiedskuß.
Man sollte nicht einfach sagen: Die Mädchen wollen
ins Bett, weil sie wissen, daß die Bursch mit ihnen

ins Bett wollen und umgekehrt. Nein, da lauert die heimtückische Schwierigkeit, daß trotz der allgemeinen Klarheit über das Ziel der Weg oft nicht bekannt ist, und vielleicht auch nicht, wessen Bett das sein soll, in das man geht. Alle stehen offen, aber es steht auch alles offen und da stehen viele die hoffen, als erste den Vorhang hinter sich und dem schönsten Kätzchen zuziehen zu können.

Wenn man da am Sonntag, wenn die frische Ladung eingetroffen ist, nicht vollfit an den Start geht, kann es einem so wie mir geschehen: Ich hab die Qual der Wahl zwischen vier gleich Schönen einen Augenblick zu lang ausgekostet, und schon konnte ich eine Woche lang mit gerunzelter Stirn vor meinem leeren Bett Selbstkritik üben. Ich hatte in dieser Woche zu allen Vieren sehr gute Beziehungen, aber die besseren, die hatten die Schnelleren.

Zur Strafe für meine Unentschlossenheit war die Gruppe der nächsten Woche übervoll mit Damen. Mit richtigen Damen, solchen, die nicht nur den Ehering und das nötige Alter hatten, sondern sogar den Ehegatten am Rand der Piste und abends beim Jägertee. Was bleibt dem braungebrannten und durchtrainierten Schilehrer da über, als ein Schnoferl zu ziehen und hoch auf das Stockerl zu klettern, um die Welt der bösen Mißgeschicke tief unter sich zu lassen. Die Schischülerinnen und ihre Gatten bedankten sich für so viel rücksichtsvolle Zurückhaltung mit einigen Zeichen der Zuneigung und fetten Trinkgeldern. Wie man's macht ist's falsch.

Einmal in dieser Woche hat mich der Suff erwischt. Jeden Tag ist er mir nachgelaufen und hat nur den Rockzipfel zu fassen gekriegt, aber an diesen Tag hat er mich ganz ins Jägerteefaß getaucht. In diesem Zustand habe ich dann, glaube ich, jemandem die Hand zu innig gedrückt und bei einem leisen Wort die Brillen angehaucht, daß sie im Frost der Mondnacht gleich mit Eisblumen übersät waren. Die Dame, die solcherart zu ihren Blumen kam, hatte zufälligerweise keinen Gatten mit - sonst wäre ich auf dem Weg zu ihren Brillen sicher in meinem Suff über ihn gestolpert.

Es fühlte sich am nächsten Tag niemand beleidigt, also nehme ich an, die Dame war eine alleinstehende. Damit habe ich ja schon wieder vorweg genommen, was ich spannungsknisternd in die Beschreibung einfließen lassen wollte: Ich hab's geschafft! Yuhh! Die Dame mißdeutete die Nähe meines Gesichtes offensichtlich als Kuß. Vielleicht lag auch mein Vorhaben in dieser Richtung, aber wer meine Küsse kennt, der kann bezeugen, daß das nicht der Schatten eines Kusses war. Das machte ihr aber gar nichts aus, mir auch nicht, und so schleifte ich sie ohne den Schatten eines Kusses hinter mir in mein Zimmerlein, wo ich zur Wahrung der Formalität noch Tee kochte, um den Vorwand der Einladung aufrechtzuerhalten. Schließlich habe ich soeben ein Englischstudium abgeschlossen. Also, sie konnte es nicht erwarten, und ich auch nicht und wir tranken recht schnell. Aber die anderen, die nach dem Ausflug herumgestanden waren und sich gefragt hatten „Was tun wir jetzt?", die also flink nachgeschloffen sind, als wir in das Zimmer flüchten wollten, die wußten nicht, was sie tun sollten und genossen den Abend, bis allen alles eingeschlafen war. Als sogar die Gäste zu müde zum Gähnen geworden waren und ich mit eifrigem Zaunpfahlwinken das Zimmer geräumt hatte, als es endlich so weit war, vollendeten wir in Gottes Namen und halb im Suff die menschliche Vorherbestimmung. Dann habe ich zwei Tage später dieser Dame noch einmal zum Abschied die Hände geschüttelt. Es hat sich, wie gesagt, niemand aufgeregt.

Das soeben Beschriebene war nicht das erste erotische Abenteuer in meiner kurzen Laufbahn. Wenn ich in meiner Chronik zurückblättere, da kam die Gruppe mit den deutschen Damen, dann die Gruppe mit den vier Schönen, mit denen ich nichts anfangen konnte, weil ich von allen guten Dingen vier gebraucht hätte, dann kam eine recht farblos gemischte Gruppe, und dann, ganz am Anfang, gleich nach Weihnachten, eine Kindergruppe. Meine Enthaltsamkeit während dieser ersten Woche ist wohl nachvollziehbar. Die erste Zeit fiel noch dazu in die Periode, in der meine damals noch fixe Freundin hier war und wir gerade darüber verhandelten, daß wir einander nicht mehr als Fixstern betrachten wollten.

Die zweite Woche, die farblose, sie hatte auch so einen halbvergessenen Lichtblick. Agneta hieß sie, kam aus Schweden - was hier eine allgemeingültige Nebenerscheinung ist und nichts zu sagen hat, außer daß man sich oft nichts zu sagen hat, weil die Schweden eine ganz eigene Sprache sprechen. Ich hatte aber diesem lieb gebauten Mädchen einiges zu sagen, das war mein Trick in dieser Woche. Während sie beim Après-Ski im Gasthaus den Rest der deutsch geführten Gespräche nicht verstand, war sie für meine verständnisvoll dazwischen geworfenen persönlichen Bemerkungen sehr dankbar. Ich langweilte mich also eine halbe Stunde fachsimpelnd mit der Gruppe, um dann einen Kurzvortrag über meine Lebensphilosophie für sie als meine Zufallsnachbarin zu halten und dann wieder weiterzusimpeln. Über die Simpeleien und die Simpeln, mit denen ich diese Stammtischgespräche führte, weiß ich nichts mehr. Im Gedächtnis geblieben ist nur die Weichklopftechnik, die im steten Rhythmus abgehaltenen philosophischen Intermezzi, die mit steigendem Weinspiegel mir zuerst ein zugeneigtes Lächeln einbrachte, später eine wie zufällige Liebkosung, die ihre Signalwirkung nicht verfehlte. Da ich nun wußte, daß sie zu viel allein war und gerne etwas von meiner Philosophie hören wollte, lud ich sie also zu einem Tee ein.

Sie war die erste, die einen Tee in meinem Zimmer bekam, nicht das Plagiat, sondern das Original. Die Idee mit dem Tee hat sich als zielführend erwiesen und ist später oft wiederholt worden. Der Trick mit der Lebensphilosophie erwies sich eher als eine Falle, und ich wende ihn nur mehr an, wenn mir gar nichts mehr einfällt.

Nachdem das Nordmädchen bei Wein und Weichklopftechnik die Orientierung verloren hatte, faßte ich ihre ziellose Hand und ich glaube nicht, daß sie ganz mitbekommen hat, wie sie in meine Portiersloge mit dem Separateingang gelangt ist. Die große Schwierigkeit bestand damals noch im Stockbettenproblem: Wie bringt man ein Mädchen, das zum Philosophieren aufgelegt ist, in die obere Etage, wo bekanntlicherweise der böse Zizibe lauert? Ich springe also hinauf und flöte und bekomme dafür ihren Kopf in die Hand gelegt. Er war nicht so sehr schön und ich legte ihn weiter auf den Polster. Ich kann sie doch nicht an den Ohren heraufziehen! Irgendwie muß sie auf den Geschmack der Körperwärme gebracht werden, also nehme ich im Bewußtsein meiner Verantwortung doch wieder den Kopf, um dann hinabzuspringen und auf eine größere Flamme zu drehen. Nach einigen Auf und Ab habe ich genug vom Tarzanspielen, sie aber nicht, sie ist ganz Jane und bringt das Kunststück zustande, sich erst heraufzuschwingen und dann erst nach der Liane zu greifen. Nach diesem abenteuerlichen Kinderspiel ging es wieder mit Philosophie weiter, ich war groß in Fahrt. Am nächsten Tag kam sie zum Abschiednehmen, meine Jane-Agneta, aber sie schaffte diesmal den qualitativen Sprung von der Philosophie in die obere Bettenetage nicht mehr, wie sehr ich auch hartnäckig dort warten wollte. Sie schrieb mir noch eine recht philosophische Karte aus Kitzbühel. wo sie wieder in eine Schischule ging. Das Postscriptum ihrer Karte lautete:

To see a world in a grain of sand
and heaven in a wild flower
to hold infinity in one hand
and eternity in one hour

Wir hatten ein tief philosophisches Verhältnis zu einander!

Neben den Philosophen- und Steinzeitschmäh, neben der besoffenen Rodelpartie im Vollmond und neben der Walze vom guten Freud steht in der Trickvitrine die eiskalte Saalbacher Fleischhundtechnik. Nach einiger Zeit will man das Erfolgserlebnis nicht mehr dem Zufall überlassen und man läßt Handlinien und Kaffeesud lesen und den Astrologen die Sterne deuten. Der sagt dann, daß am Wochenende die Mägdelein in frischen Schüben aus Skandinavien eingeflogen werden. Die Schilehrer deuten das Orakel richtig und hängen wie mexikanische Schlachthofgeier über der Tanzfläche der Arena.

Auf diese Weise fiel mir die treueste aller liebreizenden Schwedinnen in die Arme. Sie waren blond und zu zweit und schauten so suchend drein, daß ich mich gleich angeschaut fühlte. Diesmal habe ich mich schneller entschieden. Sie wog so leicht beim Tanzen, die kleine Marina, sie tanzte genauso gerne wie ich und fast so gut, sodaß ich gar nicht zum Philosophieren kam. Wir lachten beim Tanzen und über das Tanzen und freuten uns darüber, einander endlich gefunden zu haben.

Nach all den Frauen zum Aufschauen war dieses Federbündel in meinen Armen ein Genuß, daß mir das Mundwerk überging. Diesmal kam der Profitrick zum Zug: Sinnloses auf gefällige Art schwatzen, bis wir vor lauter Liebe die Augen verdrehten. Ich brachte sie dann, völlig ausgelaugt, vor ihre eigen Haustür - ein großes Risiko. Selbst war ich fast verliebt, als ich später allein mich gemächlich auszog und ins Bett stieg, um vor dem Schlafengehen noch ein wenig zu träumen.

Es stand mir ein großes Unglück bevor: die Grippe. Ich genoß das Unglück redlich, das Mädchen mit dem ganz, ganz langen blonden Haar war schließlich die treueste aller Skandinavierinnen und recht verliebt. Nach einem langen, fiebergeschüttelten Warten am Treffpunkt hatte ich mich schon stoisch mit dem Unglück des Verlassenen abgefunden und ans alleinige Schlafengehen gedacht - ich war so müde und es hätte nichts Schöneres gegeben - als sie aus der Tür ihres Hotels trat. Ich zeigte ihr also den Weg zu meinem Bett, den sie in der Folge immer weiter austrat.

Meine Tage waren mit süßem Schlafen ausgefüllt, von Zeit zu Zeit blinzelte ich zum Fenster hinaus und es regnete, ich räkelte mich und freute mich auf den Abend. Das Stockbettenproblem war zu diesem Zeitpunkt bereits gelöst. Mein zum oberen Stock verdammter Zimmerkollege verließ immer artig zur gegebenen Stunde das Lokal, in dem dann leise das kleine Vögelchen zu zirpen anfing. Geschnattert habe ich und gepiepst sie, und was sie erzählte, klang wie ein skandinavischer Sommermorgen, wir spielten im taufeuchten Gras vor dem Bauernhof ihrer Eltern, wir saßen am Abend vor dem Kamin und sie knüpfte einen Teppich. Dann kauerte sie neben dem Bett auf dem Boden und ich steckte den Kopf weit hinaus, um gekrault zu werden; und vergaß die Zeit. Sie verbrachte drei Abende an meinem Bett, bevor ich sie im Bett hatte, sosehr vergaß ich die Zeit. Die vergessene Zeit war die schönste, die Dazwischenzeit verging über angenehmen Büchern und langsam ging die Grippe und der Urlaub für uns beide zu Ende. Der Abschied war leise und ehrlich. So leise, daß sie fast keine Einladung ausgesprochen hätte - das tut man sonst nach den ersten zehn Minuten -, hätte ich sie nicht an diese Möglichkeit herangeführt. Sie nickte dann und meinte, die Einladung wäre aufrichtig. Ich glaube es ihr, aber ob ich den Besuch je verwirklichen werde? Es wohnen so viele Mädchen in Europa so weit voneinander entfernt.

Die Geschichte geht nicht endlos fort. Wenn du dort oben auf dem Stockerl stehst, könntest du nach den Sternen greifen und mußt einsehen, daß sogar die Trauben zu hoch hängen. Eine fesche Dänin, die hing zu hoch für mich. Schon als sie mich vor der Schäfchenzuteilung am ersten Kurstag ansprach, hoffte ich, sie würde in meine Gruppe eingeteilt - und das Unglück wurde mir prompt zuteil. Ich brannte eine Woche lang wie ein Sternspritzer, alles umsonst. Sie ist noch immer in Saalbach, ich aber habe die hochgesteckten Pläne aufgesteckt. Wir unterhielten uns gut und der Abend auf dem Spielberghaus brachte nach dem alten Küchenrezept eine sehr kontaktfreudige Schlittenpartie mit sich. Man lacht und trinkt im Rahmen dieses Programmes, dann setzt man sich besoffen zu zweit auf eine Rodel und umfaßt die Partnerin. Ein findiger Kerl hat in die Abfahrtspiste eine Menge von Bodenwellen eingebaut, wo man von Zeit zu Zeit im Wellental hängenbleibt und sich ausrasten muß. Ein Hauch ins Ohr (die Alkoholfahne bleibt ungehört), ein Wangen-Reiberl, ein Kuß, ein erschwindelter Liebesschwur und - ho ruck - weiter geht es bis ins nächste Wellental. Eskalation heißt die Technik des Forthandelns von Tal zu Tal, jedes Tal ein Höhepunkt. Am Ende der Abfahrt brannte ich, eine ganze Nacht lang.

Die Traube hing sehr hoch und ich konnte mich nicht entschließen, sie als sauer zu deklarieren. Die Höhe hat ihre fatale Anziehungskraft und einen verdammten Nachteil beim Tanzen. Die Fortsetzung des Wangen-Reiberl und Kuß-ins-Ohr-Spiels blieb mir durch den Höhenunterschied versagt, bis eines Tages ein lieber Kollege mit einer größeren Schuhnummer die süße Höhenluft atmete und die Traube anbiß. Und ich schielte weiter nach der angeknabberten Traube. Der Haken, den ich geschluckt hatte, ließ sich nicht heraus reißen, so zappelte ich noch eine zweite Woche, bis endlich die Abfahrt der feschforschen Inge die große Erlösung brachte.

In meiner Trauer schwenkte ich auf Abstinenzkurs um. Ich packte meinen Rucksack und zog in die Schattberg-Eiswüste, um mein Glück bei rustikalen Hüttenabenteuern, unter Schmutzkrusten und im kuscheligen Massenlager zu versuchen. Diese Ein-stern-Umgebung senkte die Erwartungen drastisch, zumindest, soweit die Qualität betroffen ist. Auf der Alm, da sind die Frauen rar und Körperwärme kost-bar. So suchte ich mir nach dem ersten hüttenver-spielten Abend einen wohltemperierten Platz zwi-schen dem elendlangen Willi, der auch meine Füße gegen Luftzug abschirmte, und der etwas zärteren Dominique. Solcherart gebettet und gegen Eisbä-ren geschützt, fand ich, daß meine Hände noch viel zu kalt waren und die Dominique spielte einige Zeit mit, bis mein Schwips mit mir durchbrannte und sie keinen mehr hatte. Da wollte sie schlafen und ich verschob das Glück auf morgen.

Mein Glücksstern muß in den nächsten Tagen al-lerdings woanders gewesen sein, er vergaß mich je-denfalls. Die letzte Seilbahn auf den Schattberg fuhr mir vor der Nase davon. Als ich am folgenden Tag meinen angestammten Schlafplatz aufsuchen wollte, lagen schon vier Leute im Doppelbett. Wieder war in der Zwischenzeit ein guter Freund in meine Arsch-stapfen getreten, ohne allerdings den Platzvorteil zu nützen. Ich zog also in meiner langen Unterhose ein Bett weiter, in dem zufälligerweise noch ein Mäd-chen alleine fünf Decken für sich beanspruchte. Ich berief mich auf mein Wärmebedürfnis und teilte in der Folge ihre Decken mit ihr. So brach ein nächte-langer Verteilungskampf aus. Die wutzelige Magda drehte sich alle Augenblicke ab von mir, wenn ihr mein Streicheln zu riskant erschien, kam aber nach einer angemessenen Pause immer wieder kuschelnd zurück. Wärme ist eben kostbar.

Auf diese Weise wickelte sie im Laufe der Nacht die Decke rund um sich und mir zitterten Rücken und Zehen im Frost der Bergnacht, während es vorne wärmer und wärmer wurde. Sie hatte einen zünftigen Bergler-Trainingsanzug im Bett an, so einen mit Hängearsch und Busenversteck. Aber auf der Alm gelten eben andere Werte, und sobald man herausbekommen hat, was in dem Trainingsanzug steckt, gilt es, diese inneren Werte herauszuschälen. So ergibt sich für den Rest der Woche ein zweites Kampffeld. Die Verstöße zu den geliebten Hautfleckerln waren mühsam, noch härter allerdings war die psychologische Kriegsführung. Kaum wurde es auch einmal ohne Decken erträglich warm, fragte sie etwas wie: „Warum legst du dich gerade zu mir?" Oder, noch erotischer „Wie lange bleibst du in Saalbach?" Dann spürte ich gleich wieder, wie der Frost in meinen Hintern biß. In solchen Augenblicken wechselte ich regelmäßig mein Kampfziel und zog kräftig an den Decken mit den Entschluß, fortan ein ruhigeres, aber dafür warmes Leben zu führen.

So plänkelte der Kampf auf den verschiedenen Feldern eine Woche lang dahin, während außerhalb der fünf Decken die wilde Jagd besoffen tobte. In allen Ecken des brusthohen Schlafraumes lief der Schmäh hinter der Schnapsflasche her. Wenn das Wortgeplänkel im Finstern langsam in sattes Grunzen überging, zeigte das an, daß die Flasche leer in einer Ecke liegen geblieben ist. Ein Schnarcher nach dem anderen schloß sich dem Chor an, auch die Mädchen waren gut genug für Baßstimmen. Wenn ich wieder eine Etappe im Psycho-Krieg verloren hatte, gab mir dieser Nachtgesang die nötige Bettruhe.

Die Wochen ziehen vorüber, die Gesichter, nur die Rolle, die ich spiele, bleibt gleich. Immer mit der Nase am Boden die Spur eines feschen Mädchen erschnüffelnd, von Zeit zu Zeit das Haxerl heben, und wenn es wieder einmal nicht hingehaut hat, die Ohren hängen lassen und die Nase auf eine andere Spur lenken. Das Haxenheben ist in der letzten Zeit selten geworden, liegt es am Frühling oder ist mir der Schmäh ausgegangen? Ich muß die Sache offenbar ernst nehmen oder besoffen sein, um glaubhaft zu klingen, und beides versuche ich möglichst zu vermeiden.

Kaum aber läßt der Dackel vermiest die Ohren hängen, gibt es wieder Aufwind und er schlackert mit den Gehängen fröhlich wie eh und je. Er hebt die Nase in den lauen Frühlingswind, schnuppert Fichtenharz, läßt sich die Sonne auf den Pelz brennen und da - eine frische Mädchenfährte! Trab trab hinterher und den Bart aus der Schnauze gestrichen, es gibt wieder Haut in Hülle und Fülle. Zuerst die kleine Marit, ein Kind mit einundzwanzig, die sich ernsthaft den Kopf darüber zerbrechen kann, warum eins und eins zwei ist. Alle Männer sind ihr nachgestiegen und ich habe den Kreuzzug angeführt. Der Trick mit der Rodelpartie im Mondschein ist an dieser Konkurrenz gescheitert. Aufgemuntert durch einen Wink von Marits hilfreicher Freundin setze ich sie gegen Mitternacht vor meinen Schoß auf den Schlitten in voller Erwartung einer gemeinsamen Fahrt durch das Mondscheinmärchenland. Dabei stellt sich leider heraus, daß zwar alle lieben Freunde - allen voran der Bett - und Zimmervolksgenosse Elmar - bereit sind, die herzige Marit durch die Vollmondnacht zu begleiten, niemand aber für ihre schüchterne Freundin Platz im Herzen und auf der Rodel findet. Was bleibt mir also anderes übrig, als den guten Freund zu mimen, Marits Popo wieder abzuladen und dafür den des namenlosen Mauerblümchens vor mir aufzupacken? Es war eine herrliche Mondscheinnacht, wirklich wunderbar. Selten zuvor hatte ich bei einer nächtlichen Schlittenpartie so viel Gelegenheit, die Landschaft zu genießen.

Die Trickkiste ist bekannterweise groß genug, um Alternativmöglichkeiten zu bieten. Und so lud

ich also Marit - wie könnte es anders sein - anschlie-
ßend zum Tee ein. Das Mauerblümchen war auch dabei, es blieb also beim Tee und ich signalisierte bald
durch einen einsamen Rückzug auf mein Bett das
Ende des Abends. Die Einladung für den nächsten
Abend schloß das Mauerblümchen ausdrücklich aus.

Zur Feier des Tete-a-tete wollte ich Wein einkau-
fen, vergaß aber natürlich. Und als wir so sittlich
heim Tee saßen und konversierten, wurde für Elmar
eine Flasche Wein abgegeben. Das war das Ergebnis
einer Blitzbestellung beim Himmel, der meinen Kir-
chenaustritt anscheinend noch nicht mitbekommen
hat - zu viel Bürokratie überall. Es gibt ja auch sehr
viele verstorbene Beamte, wenn auch noch immer
zu wenige. Die zweite Blitzbestellung ist nicht mehr
durchgedrungen, also blieb es bei einem durchaus
gesitteten Konversationsabend. Die Marit saß im
Sonntagsstaat am anderen Tischende und ich konnte ihr Näschen hinter der Weinflache bewundern.
Um ein Busserl zu ergattern, mußte ich jedes Mal
eine Nachtwanderung rund um den Tisch antreten,
zu viel für meine geschundenen Schilehrerhaxen.
Als wir endlich das Problem gelöst und zu zweit auf
einem Sessel Platz gefunden hatten, kam der Elmar
besoffen heim.

Eine Woche Urlaub in Österreich sind zu kurz,
jedenfalls für Marits Kindergemüt und mein ver-

schlafenes Liebhabertemperament. Kaum waren die Anfangsschwierigkeiten überwunden, kamen schon die Abschiedsschwierigkeiten. Da in dieser Geschichte der Mittelteil fehlt, fielen mir diese nicht allzu schwer.

Über all die Mädchengeschichten wird es langsam Frühling, eine schöne Jahreszeit, sobald sie da ist, aber ihr Kommen gleicht einer schweren Geburt.

Schon seit Anfang Februar sitze ich in den warmen Mittagsstunden auf den größer werdenden aperen Flecken über dem Dorf und spüre die Blumen wachsen. Die Glatzen im Winterfell sind inzwischen größer geworden, so wie die meine auch. Wenn ich so in der Sonne brate, scheint die Zeit stillzustehen, und trotzdem schmilzt der Schnee. Die Sonne liegt mir im Gesicht und darüber ein satter Himmel, und tief in den Knochen wächst das große Faulsein. Die Schi habe ich bereits an den Nagel gehängt, soweit ich sie nicht für die Kurse brauche. Und die Kurse werden auch immer mehr zu Sonnenanschaustunden.

Die satte Frühlingsstille ist auch bei den Mädchenbeziehungen eingezogen. Sie heißt Melitta, sie, die mir die Jagd nach den Ullas und Brigittas aus Schweden erspart. Sie spricht denselben Dialekt wie ich und kennt auch den Most. Sie kennt auch den

Trick mit dem Spielberghaus und ich bin freudig auf die von ihr vorgeschlagene Schlittenpartie eingestiegen. Der Kreis hat sich geschlossen.

Zum ersten Mal gelangte der Wuschelkopf in mein Gesichtsfeld, als ich an dem einen Ende eines Wirtshaustisches meiner Schigruppe half, die kaugummigen Kasnocken mit Bier hinunterzuspülen, und sie am anderen Tischende ihren besoffenen Freund wie ein Frühlingskatzerl umschnurrte. Zwischen ihr und mir tobte eine Horde Germanen aller Breitengrade im Bier- und Tschikdunst. Ich hatte auch ein wenig Durst nach Zärtlichkeit, aber da steht geschrieben „Du sollst nicht begehren deines Nächsten Weib", und so hielt ich mich zum Durststillen an meines Nächsten Bier, darüher steht in der soeben zitierten Schrift nichts Böses.

Die Begegnung wäre sicher ohne Nachwirkung geblieben, wäre ich nicht eine Woche später wieder mit einer Gruppe zum Kasnockenfressen ausgerückt. Der Nockerlbauer aber war ob der germanischen Kriegsgesänge der Vorwoche sauer auf mich und ließ uns sitzen, vielmehr in Saalbachs Winternacht fröstelnd stehen. Ich schoß wie ein läufiger Hund von den Leuten zum Telephon und vom Telephon zu meinen Leuten, um das Kasnockerlgeschäft doch noch unterzubringen. Zwischendurch klagte ich im Vorbeischießen meinen Bärenhunger der Melitta, die gegenüber der Telephonzelle Abendmenüs an Urlaubsgäste verfütterte. Der Erfolg war, daß ich bald ein zurückgelassenes Dessert zwischen Tür und Theke verzehrte, und im Davonlaufen noch ein zweites. Meine Sympathie für Melitta wuchs in diesen hastigen Minuten gewaltig, aber der Grund dafür war zu offensichtlich, um für die weitere Geschichte Bedeutung zu haben.

Wieder einige Tage später saß ich am Sonntagabend ohne Brot und mit Hunger in meinem Zimmer und wollte das Bier nicht trocken trinken. So zog ich meine Jacke und die großen Stiefel an, steckte einen Plastiksack in die Tasche und begab mich auf Futtersuche. Einige Schnitten Brot würden im Hotel „Post" schon aufzutreiben sein. Ich tappte also wie zufällig ins Pensionsstüberl der „Post" und sah den Mädchen beim Abräumen zu.

Ich hatte genügend Zeit zu warten, bis wieder ein Dessert vor mir auf dem Tisch stand, diesmal mit Kaffee und Zigaretten und einem lieben Gegenüber, das auch die Kaffeehausatmosphäre genoß. Ich zeigte mich in der Folge von meiner besten und dankbarsten Seite und half noch, für das Frühstück zu decken. Was macht man nicht alles. Nach zwei Tischen hatte ich mich davon überzeugt, daß ich doch ein begabterer und leidenschaftlicherer Schilehrer als ein Kellner bin.

*Nachwort: Hier bricht die Chronik ab. In der rest-*
*lichen Zeit - etwa zwei Wochen werden es noch ge-*
*wesen sein - wohnte ich größtenteils in dem Dach-*
*kammerl für Hotelbedienstete, untertags fuhr das*
*Schatzl bei meiner Gruppe mit. Die Sonne wurde*
*immer stärker, wir saßen viel in der Sonne. Der*
*Schnee stieg langsam den Berg hinauf, einzelne Ho-*
*tels schlossen. Die Saison war zu Ende.*

Die Frau am Tisch
wie tut sie flennen
"O wie *......* die Augen brennen"
Es sagt der Sohn voll Angst: Mama!
u. *...*
Es ist schon zwölf
steh auf, sei weg – längst
sollet der *~~......~~* pennen.

*......* mußt du nun schlafen gehn
und morgen früh aufstehn
wenn kein *......* – wie solls
mit uns weitergehn?

Die Frau am Tisch
wie tut sie flennen
o, wie ihr die Augen brennen
Es sagt der Sohn voll Angst und Sorg: Mama!
Es ist schon zwölf
steh auf, sei weg – längst sollst du pennen!


Mußt du nicht schlafen gehn
und morgen früh aufstehn?
Wenn keiner hackelt – wie soll es
mit uns weitergehn?

# JAVA

## ANKUNFT

Wasser von Horizont zu Horizont. Die Sonne spiegelt sich in den Reisfeldern. Eingesprengte Inseln, das sind die Dörfer. Hütten, Palmen und Bambus werden erkennbar, kommen näher, fliegen vorbei. Wir sind mitten in ihnen. Das Flugzeug kommt zum Stillstand.

Zollformalitäten gibt es nicht. Wir sind Gäste der Botschaft.

Der Mercedes rast durch die Stadt, Hotelhochhäuser, geflochtene Hütten.

## AM ABEND EINE EINLADUNG

Ein weißes Haus hinter Bambuswänden. Weiße. Die Luft schmeckt nach Klimaanlage. Was wollen wir, Bier, Whisky, Gin? Was wollen wir wirklich? Indisches Essen in acht Gängen, und Bier, weil das Essen brennt. Wer hat mit wem geschlafen? Die geht gerade mit dem aufs Zimmer. Und der dort, das ist erst ein Trottel! Nice to meet you. Wie war es in Borneo, Singapur, zu Hause? Bussi, Schatzi, du bist so sexy. Ich auch, gell. Noch einen Teller von dem Obstsalat!

Diese drei oder fünf Schatten sind Diener, unhörbar, kaum sichtbar, Braune. Sie sind nicht da. Nur dann, wenn man Angst hat vor ihnen, wenn es dreckig ist, wenn etwas schief geht. Wir leben ohne sie, sie aber können nicht ohne uns nicht leben. Du glaubst das nicht? - Ein langer, suchender Blick, die Lefzen schwimmen besoffen: Du Trottel!

Natürlich verdienen wir gut, warum nicht? Aber das Leben ist teuer. Das Saufen, die Jacht, die Antiquitäten. Nein, du siehst das falsch. schließlich gebe ich auch zwei Dienern Arbeit. Ohne uns könnten sie nicht leben.

Ein Weißer verdient das 50- bis 100-fache vom Einkommen eines einheimischen Arbeiters.

Diese Gespräche sind unangenehm. Alle greifen gleichzeitig zur Zigarette. Was wißt ihr Grünlinge!

Man darf ihre Lederhaut nicht anrühren, da werden sie böse. Oh, wie die erst jaulen, wenn diese Haut einmal gegerbt würde!

Der Diener schließt die Tür und wir fühlen nicht die feuchte Hitze in den Straßen, sehen nicht die Königspalmen gegen den tropischen Nachthimmel. Es schmeckt nach Bier, Rauch und Aircondition.


## NACHTLEBEN

Das Nachtleben treibt uns durch Hotelbar, Beisl und Puff. Das Puff ist mir am liebsten. Dort gibt es vietnamesische Rosen zum Anstecken. Eine Krankheit, die bekommt man nicht mehr weg, auch nicht mit viel Medizin. Und die Mädchen sind süß, klein, schlank, zum Mitnehmen und Purzelbäume schlagen. Was aber, wenn du dir eine vietnamesische Rose holst?

Es ist finster, die Mädchen lachen, wir boveln eine Tschik nach der andern und versichern einander, wie gerne wir vögeln würden. Aber es pressiert noch nicht. Langsam erst schleicht sich die Bordellatmosphäre unter die Haut. Die Puffmama will nicht gevögelt werden. Die Kleine dort mag den fetten Kunden nicht und schiebt ihn an die noch Kleinere ab. Still im finsteren Eck lungern die Zuhälter. Genauso still, im neonbleuchteten Schaukasten, die frischgefangenen Mädchen. Von ihnen lacht keine. Sie sind süß wie Kinder vor der Guillotine. Vielleicht

habe ich unrecht, aber für heute kann ich mit keiner schlafen.

Ich zahle die Rechnung: 3000 Rupien. Ein Tageslohn beträgt 150 Rupien. Vor dem Lokal strecken sich Hände vor meine Augen. Dreckige Gesichter fordern Geld fürs Essen, für den Kleinen an der bloßen Brust. Ich gebe 100 Rupien und blicke in die andere Richtung, laufe weg. Im Schatten schlafen, leben und krepieren sie, Menschen wie Tiere.


## SCHATTEN

Sie lungern im Schatten, die Körper mit Lumpen bedeckt, die Füße vergessen im Staub. Der leere Mund, die toten Augen, die verkrüppelten Hände greifen nach dir und du schreckst zurück. Du wagst es nicht, in die fahle Grimasse zu blicken, auf die Stimme aus dem Nichts zu hören, du wagst es nicht, das Elend zur Kenntnis zu nehmen. Es lungert im Schatten und starrt in den Sand.

# FAHRT DURCH DIE UNTERWELT

Die Bänke sind hölzern, der Waggon dreckig. Du klebst am Nachbarn und bist still, fühlst den Schweiß unter dem Hemd fließen. Djakarta nimmt kein Ende, dreimal hält der Zug in der Stadt, immer mehr Menschen drängen sich auf dem Gang.

Menschen. Wohin du dich drehst, siehst du hunderte von ihnen. Sie hocken am Straßenrand und verkaufen Früchte. Sie treten die Radrikschas. Sie kochen an unzähligen Tischen auf dem Gehsteig. Der Zug rumpelt vorbei, Rauch und Staub wirbelt durch die Luft. Neben dem Bahndamm steht die Kloake, grün, blau und schwarz, belebt von Ungeziefer. Ich halte manchmal den Atem an, aber das ist nicht die Lösung. Am Bahndamm hausen Menschen, kein Fleck ist ungenutzt. Hausen? Sie liegen im Schatten kniehoher Unterstände aus Karton und Blech, aus Plastiksäcken. Sie kochen mit dem Wasser der Kloake. Viele bewegen sich kaum. Kinder spielen in den Abfallhalden, überall Kinder.

Djakarta will nicht aufhören. Wir wollen Luft, Felder. Endlich werden die Häuser weniger; und auch sauberer. Sie stehen unter Bananenstauden, in den Reisfeldern. Das Land ist in saubere, wassergefüllte Flächen geteilt. Die Hügel sind terrassiert. Jeder Fleck ist Teil einer kleinräumigen Ordnung. Alles ist klein: die Felder, die Häuser, die Menschen und Tiere. Immerhin, die grüne Ordnung macht mich ruhig.

Bogor kündigt sich an, wie sich Djakarta verabschiedet hat: dicht verbaut, Häuser bis ins Bett der schleimigen Flüsse. Zum ersten Mal steigen wir mitten in den Dreck. Die Straße ist eine Müllhalde, bewohnt von Händlern und Bettlern. Die Luft beißt giftig im Rachen. Man schützt sich gegen den Motorengestank mit Tüchern vor dem Mund. Vor uns liegt ein weiter, gepflegter Park. Ein Gitterzaun und ein Soldat verwehren den Zugang. Zwischen den Palmen, tief im Park, blinkt das Weiß eines Säulenportals: Ein Landsitz des Präsidenten.

# AMPENAN

In dem Beisl in Ampenan
schaut mich die dicke Kellnerin am
die andere mit den reizenden Lippen
würd ich gern in den Hintern zwicken.
Wenn ich die Sprache nur könnt
und den Anstand nicht hätt -
....................
so aber schau ich in Ampenan
im Beisl ein Bild von Elvis an.

In Ampenan, in Ampenan,
da fress ich mich mit Chop-Chai an
Die Soße rinnt von der Stirn zum Steiß
die Zehen quatschen schon im Schweiß.
Jetzt kauf ich mir noch Kaffee und Kuchen,
dann geh ich in die Hütte Mücken besuchen.

In Ampenan, in Ampenan,
da quatschen mich dauernd die Leute an
Hello, mister, from where do you come?
Ziag an Strich, des geht di nix an!
das klingt etwas hart
jetzt hält er die Goschn
seine Saiten sind zart.

Ampenan, Ampenan, ich sitz vor dem Haus und die Kinder glotzen mich an. Wenn ich sie anschau, dann grinsen sie her. Fünf Gschrappen schaun mir über die Schulter, was ich da mach. Der Mutigste greift mich an, ob ich nicht weiß abfärbe. Einer rotzt wie der andere. Alles, was vor mir liegt, wird betastet: das Taschenmesser, der Bleistift, die Karten.

Sogar die Bananenbraterin, die jeden Morgen vor dem Haus ihre Körbe ausbreitet und auf ihrem Feuerchen auskocht, hat ihr Kind um die Hüfte gebunden und schaut mir auf die Finger. Sie hat das Feuer ausgelöscht und die Körbe eingepackt. Keine gebratenen Bananen mehr für heute.

Ein ununterbrochener Zug von Frauen trägt Korb um Korb vorbei. Die Männer laufen unter ihren Traggestellen. Vor mir bleiben alle stehen und schauen, drei hübsche Mädchen lachen mich an, jetzt, wo ich zurücklache, laufen sie weiter.

Ein Feuer auf den Boden, ein Kessel darauf, ein Korb mit Teig: das ist das Restaurant. Zehn Körbe mit Reis und Mehl, mit Obst und Gemüse: das Geschäft.

Seit Sonnenaufgang kommen die Frauen, hocken am Feuer, beladen die Körbe, tauschen die Neuigkeiten von dem Dorf und jenem. Sie blicken zu mir

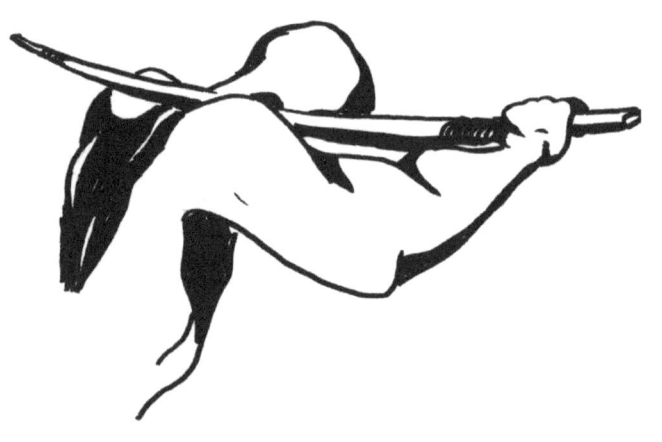

und wundern sich und grinsen, befinden den Korb für voll genug und gehen zu viert in Gleichschritt zurück zum eigenen Feuer.

Seit Sonnenaufgang laufen die Männer unter mannshohen Lasten gebeugt in die Stadt. Braune Muskeln glänzen in Sonne und Schweiß. Je schwerer die Last, desto schneller der Schritt. Wohin man schaut, gehen Menschen mit Lasten barfuß im Staub ihre Wege.

## PANANGTRITIS

Kaum eine Stimme im Dorf. Vereinzelt höre ich Kinder, oder einmal einen Hahn. Hunde streunen faul über den Dorfplatz. In den Hütten schlummern Schatten und Ruhe. Wer sich bewegt, tut des langsam, wer redet, tut es leise. Es ist Mittag. Die Sonne steht Im Norden, über den Palmen, die ihr Licht auffächern. Es ist angenehm, wo sich das Licht auf meiner Haut mit dem Wind trifft, dem fortwährend wehenden Wind. Er kommt in Wellen wie das Meer. Wie jenes zeichnet er Muster in den Sand. Wasser, Sonne und Wind mischen sich entlang einer gewaltigen, endlosen und dröhnenden Front.

## SUNDA SEE

Pazifik. Ich schaukle also auf einem Schinakel auf dem Pazifik. Sundasee heißt er, glaube ich, hier. Links Palmen und weißer Sand, darüber wächst ein Vulkan ins Blaue. Bali. Der Pazifik macht seinem Namen alle Ehre und bleibt ganz ruhig. So fresse ich eine Banane nach der anderen, ohne sie an die Fische weitergeben zu müssen. Der Horizont wackelt ein bißchen, aber so richtig in den Himmel steigt er nie. Die Frauen liegen wie die Sardinen in der Kajüte und fächern mit dem Sarong. Alles döst, die

Menschen, der Strand, das Meer. Nur eine Fliege schwirrt aufgeregt in der Sonne.


## BALI

Der blaßbraune Himmel, das schaumpurpurne Meer, das Schlagen der Wellen entgleiten am Horizont. Die Blumen von Bali, die Palmen, die Frauen versinken im Meer. Heute ist gestern, das Morgen ist Sand, und die Welt ist warm und weich. Da beißt mich plötzlich ein Sandfloh.


Die Palmen spritzn in Hümmi
de Kokosniss schaukln in da Sunn
und drunta, im Schottn, lieg i
und batz mi
und fiacht mi
daß's ma des Glumpat aufn SchädI prackt.

.

DIE SCHÖNSTE
MONDESFINSTERNIS

IST MIR
UM 12
KEIN HINDERNIS

INS BETT ZU
GEHN

UND DIE LAMPE
ABZUDREHN.

die schönste
Mondesfinsternis
ist mir um 12 kein
Hindernis
ins Bett zu gehn
und die Lampe
abzudrehn

# MOMENTE

## WO ES WARM IST

Wo es warm ist, bin ich zu Hause.
Wenn die Sonne scheint,
auf dem Feld,
wenn es regnet,
im Café,
wenn ich einmal mein Zimmer heizen kann,
vielleicht auch dort.

SONNTAGMORGEN

Eine fettüberschmierte Teekanne auf dem Ofen
Frühstücksunordnung auf dem Tisch
die Sonntagszeitung verstreut auf dem Boden
drei Paar Füße im Backrohr
Morgenrock und Mittagsviolinkonzert
Vor dem Fenster schmilzt die Sonne
den letzten Schnee weg
und bewahrt uns in der Küche vor dem Einfrieren.

## AUS ZÄHL REIM

da lun gern wir
da lie gen  wir
da hun gern wir
da lie ben  wir
so ver rinnt die Zeit
und wir wern gscheit

## MAIANDACHT

Am liebsten läg' ich
mit dir quer über's Bett, Schatz, neben dir,
über dir, du um mir, Murmeltier,
und du bist in Silifke - das kennt kein Mensch.

Am liebsten läg' ich mit dir
quer über's Bett, mein Schatz, mit dir am Strand,
auf dir im Sand, ja, natürlich, in Silifke,
dort kennt uns kein Mensch

Warum ich so schreib? Na, weil ich allein
quer über's Bett lieg
ich um mir, Apfelblüte, Mondenstrahl,
Maiandacht

## LIEBER KEINE BRIEFE SCHREIBEN MÜSSEN

Liebling!
Schmetterling!
Engel!
Engerling!
der Frühling....
Weißt'?

Die Luft ist so frisch,
das Gras so naß,
mein Bauch so warm -
daß ich dir lieber keine Briefe schreiben
müssen möcht

## JAHRESRINGE

Weihrauch heißen Waldbodens
Blüten wilder Erdbeeren
Jahresringe im harzenden Holz
ein Sommer von vielen
einer von wenigen.

# AUGUST

Es atmet sich gut unter der Ruhe der Sterne
im Grasduft der Hitze
es ruht sich gut auf der Höhe des Sommers
es frißt und sauft und fickt sich gut
in der Zeit der kurzen vollen Nacht

# NOVEMBERSONNE

Novembersonne gleißt
im Gegenlicht blendet der Asphalt.
Fast könnte ich das Autodach aufschlagen.
Sommer spielen.

Das Herz sticht,
ätzt, kreischt.
Achtung – der vor mir bremst.
Gerade noch!

Die Alte im Gegenlicht,
die könnte ich jetzt abschießen.

Das Leben lebt abseits der Sprache.
Die Wirklichkeit
in diesem Augenblick - in diesem Herzstich -
erfaßt kein Wort.
Ich denke in Worten
Krücken, Lügen
nahe der Wahrheit.

Mein Herz brennt.
Meine Augen verbeißen sich das Heulen.
Warum tut Abschied so weh?

## WIA A SCHNECK OHNE HEISL

Wia a Schneck ohne Heisl
a Krebs hintan Schtaa
schtreichl mi
oba ria mi net au.

De Haut so glitschig
da Mund so gatschig
de Augn vahaunga -
seit waun regnts schau?

A Musi muaß her!
Orgln, schen foisch, und Drommin;
daunzn wü i wia a Derwisch
und dreimoi übas Doch hupf'n '
mid'n Kopf in's Hei foan
auf da Kua reitn
im Müchsee schwimma„

A Schneck ohne Heisl
mid zehn Händ zum auhoidn
an Maoi vom Schedl bis zum Oasch
zum Schmusn und Schrein.

Wia laung rengt's schau?

## MONDNOCHT

Mitn Wehrwoif aum Buckl renn I den Beag auffi
da Schnee knistert
Woiknfetzn fliagn üban Kaumm
de Brillianten hängan aum Hümmi
mi treibts imma schnölla
da Schnee, da Reif auf de Lärchn '
sie werfn da den Mond ins Gsicht
Weit is', weiß is',
alan
I brü in de Nocht aussi
nu amoi
so geht da Woif weg
und i ziag a wundaschene Schbua im
Diafschnee zua Hittn obi

## AUSSCHLOFN

Host di scho amaoi ausgschlofn? Richtig ois
aussagschlofn? Bis de Knochn waach wordn san
und Dog und Nocht ans woa?

Oda host di scho amoi ausgschifft? Den Gatsch
von de letztn Joa schwoaz and' Waund brunzt?

Und daun gniast, daß da de Knia bei de Augn
aussagschteckt san?

Oda blazt, daß si auf'n siebtn Berg de Wölf
hinta da Schiazn vaschteckt hobn?

Na? I a net. Oba scheen war's.

## BOID IN DA FRUA

Boid in da Frua hängt da Nöbi vom Hümmi
und liegt waach auf de Higln.
lm Doi glaunzt bloss da Gugaruz.
A Fleckaldeppich von Födan bradt si in'n Nöbi
aussi aus.

Boid in da Frua hängd ma da Nöbi ins Hirn,
ziagd si um di Augn und um di Knochn.
Göb und lila, gaunz mott, liegn nu di Dram in da Luft.

Fü z'boid in da Frua, waun nu de Dram im Hirn
und da Nöbi im Doi Kreisal ziagn,
sitzn mia, meine Freind und i, um an großn,
viereckadn Disch und schwafeln und schwafeln.....
Recht bloss.

## NARRISCHE SCHWAMMALN

einfoch so. liegn, hänga. hänga lossn. des Hirn
aufs Wäschleinl hänga und in Summawind
drüba schtreichn lossn.
a Tschik hatzn, oda kani, de Zeechn, jo de
gibt's a, wos soi's.
einfach so, waun nix is.
des Hirn aufs Wäscheleinl hänga und de Fresch
oschpringa lossn.
ana Seifnblosn beim Schillan zuaschaun.
schwammalbrockn.
wia waun nix waa. Sömmischmoan,
einfoch so: narrische Schwammaln.

## GIFTIGE GREITA

Scheiße, Pfeife, Schtana, Eita
dreimoi umrian
mit giftige Greita.
Küßli, Brüstli,
den Kas von de Füßli,
drei Mondstroin, an Sternstaub,
und fertig is' Müsli.
Voam Bettgehn drei Löffeln
de Augn wenn da tröpfeln
de Fiaß wern da waach
des Rückgrat so zaach
da Otm der ziagt  si
de Gurgl de wiagt di
de Ohrn lernen singa
Drommeln und Ratschn
da Mond gibt da Watschn
da Wind blost da s'Maoi auf
de Gössn haun in Huat drauf
und v e r l a s s e n d a s s i n k e n d e S c h i f f.
De Fliss varinnan,
de Inseln vaschwimman
de Berg zakrochn
und lochn head ma's,
von de Schtern oba lochn.

# DU ZECK

Du Zeck im Schpeck
im Dreck a Eck
geh weg du Schneck
drah di oda zah di
auf jedn Foi schleich di
weg du Schneck

## WAUN SI A GREIS IM KREIS DREHT

Waun si a Greis im Kreis dreht
a Kota mit zwa Meis geht
und an Chinesn da Reis geht
jo wos daun is,
des was is a net

## URLAUB

I denk nix
I mal nix
wie komm ich da je zu an Denkmal?

Er ist müd es geht ihm gut
für heut hat er nichts mehr am Hut
aber nächst ihm dräut und lauert
das Spinnentier in sich gekauert
oh ach, hab Acht! Gefahr! Gefahr!
Das wird gewiß ein schlechtes Jahr!

Nur Mut, schlag zu, beiß rein, spritz Gift!
Zu lange schon stinkt hier sein Mief!

Nein nicht, tu's nicht
ein Gott's Geschöpf tut's nicht mit Gift!

# PROVENCE

*Ein unangemeldeter Besuch in Nizza, per Auto-*
*stopp nach Grenoble und noch ein unangemeldeter*
*Besuch, Schifahren, mit Freunden auf einem Bau-*
*ernhof zu Gast und eine Fußwanderung durch die*
*Haute Provence.*

Der Wandersack liegt bereits gepackt neben mir,
klein, leicht, so wie ich mir das minimale Reise-
gepäck vorstelle: Schlafsack, warme Unterwäsche,
Geld, Paß, Zahnbürste. Ich beschließe, noch das alte
weiße Hemd dazuzupacken, das ich seit Neuestem
so gerne trage - als Luxus sozusagen. Alles andere
habe ich am Körper; draußen regnet es, mitunter mischen sich Schneeflocken dazwischen.

Ich bin nach wie vor unschlüssig, die Unentschie-
denheit bohrt. Ich zünde noch eine Zigarette an, setze mich neben das Gepäck und versuche zu klären:
Soll ich oder soll ich nicht? Ich könnte die Osterwoche zu Hause oder bei Freunden auf einem Bauernhof verbringen. Das Alleinsein zu Hause wäre sicher
unerträglich. Aber vor der Einsamkeit kann ich mich
nicht drücken, so oder so nicht. Nachdem mich die
Françoise aus Nizza angerufen hat, um mir mitzutei-

len, daß sie meinen Besuch nicht will, nachdem auch meine neue Freundin hier ihre Ferien gemeinsam mit einer Schülergruppe verplant hat - eine Reise auch nach Frankreich - stehe ich ohne die weiblichen Stützen meiner Einsamkeit da, etwas wackelig. Wie ich es mache, um das Alleinsein komme ich nicht herum. Wahrscheinlich ist es besser, das Alleinsein im Freien zu erleben, anstatt in der bedrückenden, mit Pflichten übersäten Wohnung. Ich werde trotz allem in die Provence fahren und sehen, wie ich mit meiner Einsamkeit zurechtkomme. Oder sollte ich nicht doch lieber hier bleiben? Die Uhr läuft weiter. Wenn ich gehen will, muß ich jetzt gehen.

Vom Nachbarabteil klingt verspielt eine Gitarre herüber, selten ein ganzes Lied, von Stimmen unterbrochen. Ich höre „El pueble unido jamas sera vencido" und es ist meine Welt, die da mitfährt, die Langhaarigen, mit Dylan und „bandiera rossa" im Ohr. Die Gitarre verspielt sich weiter, die Fersen meiner Mitreisenden wippen zum Rhythmus, die der älteren Italienerin auf dem Gangsitz genauso wie die des Mädchens schräg gegenüber, das ich von seiner Aufmachung her leicht in meine bekannte Umwelt einbauen könnte. Der Aufenthalt in der Grenzstation gestattet mir eine längere Schreibperiode.

Das Schreiben bringt so etwas wie ein Akzeptieren meiner Lage mit sich, der Druck in mir hebt sich ein wenig. Weshalb habe ich diese Reise nach Nizza unternommen? Nicht, um die Beziehung zu Françoise ins Reine zu bringen - sie erwartet etwas, zu dem ich derzeit nicht fähig bin, und sie weiß das, was kann man da noch viel ins Reine bringen? Trotzdem hat mich ihr Entschluß, mich nicht sehen zu wollen, getroffen. Trotzdem werde ich morgen bei ihr um eine Audienz bitten, sinn- und erwartungslos, weil es sich in meine Leere hinein anbietet und ich das vor einer Woche so wollte.

Ich fahre auch nicht in den Süden, weil mich die Landschaft anzieht, das Klima schon ein bißchen. In Wiener Neustadt schneite es, und das will ich für mich jetzt nicht, die Pelzsachen sind bereits in Mutters Kleiderschränke abgeschoben worden.

Monique, zweite alte Frankreichromanze: ich freue mich auf sie, aber ich würde auch wegen ihr nicht - nicht in der augenblicklichen Lage, ohne Einladung, ohne besonderen Anlaß - den Weg auf mich nehmen. Was bleibt also? - Die Leere, in der es besser ist, sich zu bewegen, als sich erdrücken zu lassen.

Das Wort „Gepäcksnetz" ist ein Euphemismus. Was wir als „Netz" bezeichnen, hat kantige Rippen und stößt und drückt, während der Zug durch die Nacht rumpelt. Dort oben ausgestreckt, lasse ich

mich von der Unterhaltung zwischen einem per-
sischen Allah-Freak und einer Wiener Feministin
amüsieren. Überhaupt, die Nacht auf dem Zug ist
ein Fest und das Nickerchen im „Gepäcksnetz" der
Höhepunkt an Gemütlichkeit. Während man sich
auf den Gängen drängt und stößt, aber auch spielt
und singt, vom Süden und den Wüden, die sich darauf reimen. Nach einigen Stunden im Zug sind die
Sprachbarrieren völlig zusammengebrochen und alles kauderwelscht so gut es geht, geht auf ein Bier
oder einen Kaffee, geht auf Aufriß und über Schlaf-
leichen. Irgendeinmal, ich glaube, hinter Venedig,
wird es stiller. Mich hat das Reiseglück aus meiner
Einsamkeit gerissen, in den Abteilen flammt nur
noch das blaue Nachtlicht, man liegt kreuz und quer
so gut man sich halt zurechtbiegen kann.

Der Zug rüttelt fürchterlich. Die Sonne scheint
mir auf den Schoß, dann bin ich wieder auf die In-
nenbeleuchtung angewiesen. Ein Blick auf das tür-
kisfarbene Meer knapp unter uns, ein Tunnel, Glas-
häuser mit Nelken, Tunnel, ein - ein Tunnel. Monte
Carlo. Die Alte neben mir fuchtelt mit ihren schwie-
lig-ledrigen Händen vor meinem Gesicht, um den
anderen zu zeigen, daß wir in Monte Carlo sind. Erinnerungen an einen Grand Prix. Es wird Zeit, die
restlichen Käseecken und Äpfel im Rucksack zu ver-
stauen, Bücher und Paß einzustecken und - mich auf
Françoises Spuren zu machen. Sie weiß nicht, daß

ich komme, und hat mich außerdem ausdrücklich ausgeladen. Das wird etwas werden!

Das wäre ein Photo! Zwei ausgebleicht schokoladebraune Sonnenschirme überdachen, dicht zusammengedrängt und kontrastiert von einem genauso verwaschen grünen Parasol, einen winzigen Ausschnitt aus dem Marktgetriebe. Darunter leuchten Orangen und Rettiche, Suppengrün und bunte Marktfrauen. Zwei Männer schleppen einen Kartoffelsack, eine schöne Araberin ein Kind, andere sind mit Kisten und Körben beladen, mit Brot und Gemüse. Die einen suchen, die anderen nicht und haben die Sonne im Gesicht. Nizza am Sonntagmorgen, „Nice-Matin" und Gauloisedampf, ein Plauscherl in der Gasse, ein Platzerl auf den Stufen über dem Markt, wo ich den Rucksack neben mir abgelegt habe.

Die Freiheit hat mich und ich hab sie doch nicht ganz. Ich lasse mich von der sinnlichen Vielfalt des Marktes auf dem Weg zum Strand aufhalten, aber der Sinn steht mir nach Strand oder nach einer Fahrt nach Grenoble, weil ich mir das so vorgenommen habe; oder vielleicht doch hierbleiben und auf Françoise warten, die am Abend aus Marseille zurückkommt? Meine Pläne durchkreuzen meine Freiheit, ritsch-ratsch und kritzel-kratzel. Übrig bleibt eine durchgestrichene, noch einmal und wieder durchgestrichene Skizze vom morgendlichen Marktleben.

Die Kontaktlinsen in den Augen bringen mich zum Tränen. Ich werde nachschauen, ob das Meer noch da ist. Gestern nachmittag war es ganz schön stark mit seinem endlosen Türkis, aber nach einer fünfminütigen Anbetung - oder waren es weniger - bin ich eine Stunde später aufgewacht, weil mir kalt wurde.

Abends, nachdem ich im Hochhaus am Stadtrand für Françoise einen Zettel unter die Wohnungstür geschoben, Zigaretten an zwei Araberbuben mit unbeschreiblich schiefen Gesichtern und verdreckten Händen ausgeteilt hatte und einige, Massen, selbst geraucht, nach alldem hatschte ich in die Stadt zurück und es gelang mir ein winziger, gerade die Oberfläche erreichender Aufriß: Immerhin, ich verbrachte den Abend nicht trübsinnig allein im Café, sondern gemeinsam mit einen erschreckend nervösen Mädchen.

Vor mir liegt eine Fußwanderung durch die Provence, der Horizont und die schottrige Bucht von Nizza – für welches soll ich mich entscheiden? Jetzt dann, gegen Mittag, gegen Norden aufbrechen, die Zelte abbrechen und Françoise Françoise sein lassen, mit ihrem Kind und den drei Männern? Der eine, mit dem hat sie eine Zukunft aufgebaut, eine Weinfabrik in Quebec und ein Kind, jetzt leben sie getrennt und er ist angeblich ein Nervenwrack. Der andere, auch angeblich, ist bei ihr immer im Zent-

206

rum gestanden, wenn auch während ihrer Ehe eher im Hintergrund, mit dem möchte sie eine zweite Zukunft aufbauen und die Wrackteile des ersten Anlaufs wegschieben. Dieser Zweite bin ich und für solche Unternehmen scheint's ungeeignet, meine eigenen Zukunftspläne sind so himmelstrebend, daß sie sich in den Wolken auflösen und, je nachdem, gewitterlich dräuend oder sonnenlichterstrahlt hoch über mir hängen. Der dritte Mann, den liebt sie nicht, er sie schon, und das wäre halt der am leichtesten verfügbare Mann für die gemeinsame Zukunft. Ich kann ihr ihre Illusionen nicht übelnehmen - ich kenne die meinen - aber darüber sprechen möchte ich doch mit ihr. Also heute Abend, wenn sie voll mit Eindrücken von Marseille und mit ihrem Mann zurückkommt?

Oder sollte ich wieder einmal Grenoble heimsuchen, die kleine Wohnung über den verwinkelten Dächern der Altstadt, wo Monique an ihrer Zukunft bastelt? Immer mehr wird mir die Lächerlichkeit meiner Alternativen bewußt. Die eine französische Romanze hat mich ausgesperrt, also hau ich den Hut drauf und setz ihn wieder auf, um mich zur nächsten alten Liebe abzusetzen. Deshalb trotte ich dahin, von heute auf morgen, von Stadt zu Stadt, und das Ziel bleibt verschwommen.

Es treibt mich, und das „es" läßt sich auch durch Nachdenken nicht aus dem Versteck zerren, aber

„es" ist da, wohin ich auch in meiner Blindheit stol-
pere. Die Françoise hat mich abgeschrieben, ist
auch gut, also auf zu Monique, von der weiß ich soundso, daß sie mich angeschrieben hat, aber nein,
ich möchte noch gerne mit Françoise reden, ich
weiß nicht was, weil alles klar ist. Wie sich die Monique entwickelt hat, möchte ich gerne erfahren,
ihre Erfahrungen kennenlernen. Inzwischen blinzle
ich immer wieder zu dem barbusigen Mädchen, das
schräg vor mir die Sonne einsaugt, während mir der
Hintern friert.

Die Geschichte, auf die ich bisher stolz war, stinkt
mich jetzt an: die Einsamkeit der vielen Beziehungen. Das Selbstbild vom lustigen Wandersburschen
wird immer mehr zum verlassenen métèque. Das
Lied von Moustaki „avec mon âme du métèque"
summe ich schon den ganzen Morgen vor mich hin,
manchmal abgelöst von „On n' oublira la premiere
fille qu'on a pris dans ses bras" - Brassens.

Die Melodie kam mir gestern in den Sinn, als ich
vor Françoises Neubauslums stand und wartete.
Lange Momente war die Melodie da, ich summte sie
dahin und wußte nichts damit anzufangen, bis ich an
die Refrainstelle gelangte, mir der Text einfiel und
bewußt wurde - das übliche Lächeln des Erkennens.
Sie war eine der ersten und unkompliziertesten Liebschaften, die Françoise, mit eingebauter Zeitbombe.

Ich hatte sie gern und setzte mich nach Afrika ab, um dort die nächste kennenzulernen, und so weiter.

Ich habe den Anorak abgelegt, schließlich ist es Mittag, wenn auch der Wind vom Meer her kalt bläst und ein Dunstschleier die Sonne bricht. Den Schlafsack habe ich aufgerollt und den Entschluß gefaßt, einen Sonnentag am Strand zu verbringen. Das Reisen reizt mich heute nicht, es ist Sonntag. Immer mehr barbusige Mädchen frieren in der Sonne, das reizt mich aber schon, ich werde langsam geil und es stört mich der Gedanke, trotz aller Frauenbekanntschaften in dieser Osterwoche doch nicht zum Vögeln zu kommen. Die Einsicht in die Untragbarkeit meiner Verhältnisse wirkt sich so aus, daß ich das Vögeln - den Gedanken daran - ausklammere, um nicht neue Komplikationen zu schaffen. Und dann doch - angesichts der vielen Busen da fordert auch mein Körper sein Recht, nicht nach Sonne ...und so fangen die Geschichten an und ziehen sich über Jahre fort, ziehen mich nach Frankreich, kosten Entscheidungen und Tränen, geben aber auch viele schöne Erlebnisse, schmusige, orgastische, mhmm, mein anderes Selbstbild beginnt sich zu regen.

Diese Frage habe ich mir schon öfter gestellt: Bin ich weniger - oder mehr? - verklemmt als andere, weil mir immer wieder die Haut näher ist als das Hemd und, Zweierbeziehung hin und Zweierbeziehung her, die Gunst des Augenblicks kaum jemals ausschlagen kann? Und dann reite ich meinen Eiertanz durch die vielen Beziehungen, weil aus dem Bett die Anforderungen erwachsen, zuerst natürlich nicht, aber doch langsam, alles ist erlaubt, doch das Schuldgefühl regt sich schon, wir wollen einander nicht unterdrücken, unsere Beziehung bezieht sich im Bett. Warum bist du gestern nicht bei mir gewesen, was hat die andere, das ich nicht habe, mit dir ist man verlassen. Mit einem Busen am Strand hat es angefangen. Und nachdem ich öfter an den Strand gehe oder schifahren, besteht meine Freizeitgestaltung aus Eiertänzen, die ich satt habe, und im gegebenen Augenblick trample ich den ganzen Porzellanladen in Scherben, wenn ich mich trau. Oder ich stell das Porzellan so provozierend in den Weg, daß das liebe Schatzerl es nicht mehr aushält.

Und wieder ein Standortwechsel, immer weiter entferne ich mich vom rauschenden Türkis und den zurückkrieselnden Kieseln, vor allem aber von dem Wasserstaub, mit dem die Wellen gelegentlich über die Uferkante lecken. Ich drücke mich gegen die Kaimauer, welche die Aprilsonne dorthin zurückwirft, wo sie hingehört: auf meinen nackten Bauch. Den Bauch in die Sonne recken, das ist etwas! Mein Hirn beruhigt sich, je mehr mein Bauch seine Geltung erlangt, diese winterlich bleiche bepelzte Schönheit. Die Nacktheit der anderen nehme ich jetzt viel solidarischer hin, seitdem ich meine eigene Nacktheit rieche. Sonne und Haut schlagen jedes Parfüm, auch wenn gelegentlich ein Schwall von Piz Buin an meine Nase stößt. Die Jeans dürfen auch in der Sonne bleichen, ihre schräggestreifte Textur flimmert in meinen Augen. Ich schau schon noch nach etwaigen Busen aus, aber weit weniger gespannt, seitdem mein zerrissenes Leiberl meinen Körper freigegeben hat. Auf dem Bauch gehen mir die Haare aus, vor allem, wenn ich daran zupfe. Aber an dieser Stelle stört mich das überhaupt nicht, ein halbbehaarter Bauch zählt nicht als Glatze. Stell dir einmal vor, ich hätte auf dem Bauch das, was ich noch auf dem Kopf habe!

So deppert, das gibt es nicht! Die Alte, die sich neben mir einen weichen Liegeplatz herbeizaubern will, wirft Stein um Stein prüfend weg, um den Platz schön eben zu gestalten. Wenn sie so weitergräbt, kommt sie unter dem Meeresspiegel heraus, der Strand von Nizza besteht eben aus grobem Schotter. Und aus alten Weibern. Mein Gott, ich habe mich da mitten in ein Altersheim gesetzt. Die lassen sich sicher die Pension in ihre Villen in Nizza nachschicken. So sehen sie jedenfalls aus mit den kiloschweren Silbergehängen und künstlich nachgefrischten Körpern. Gottseidank reißen sie sich nicht auch noch ihre Büstenhalter vom Leib, schon ihre dauernd offene Goschen sind mir körperlich widerlich. Immer mehr von ihnen rücken mir auf den geliebten Pelz, hautnah. Das schöne Körpergefühl ist beim Teufel. Das ganze Millionärsaltersheim von Nizza sammelt sich mit Gekreische und Händefuchteln um mich. Sag mir, wo die Busen sind! Wenn das Platzl nicht so warm und windgeschützt wäre, ich hätte schon längst meinen Schlafsack gerollt. Und wenn mich das Reisebüro nicht vermittelt hätte. Darf Frankreich so sein, mein schönes Rotwein- und Gauloise-, Oliven- und Liebschaftenfrankreich? Ich hefte meinen Blick trostsuchend an den Körper der einzigen jungen Frau in Sichtweite, doch auch diese Aussicht versitzt mir zu zwei Dritteln ein braungegerbter Sportsmann um die Siebzig.

An so einem Tag des Nichtstuns tut sich was. Kleinigkeiten. Ich habe das Quartier noch einmal verlegt, von den alten Reichen zu den jungen Sandlern, wo die Alkoholflasche das Lebenszentrum darstellt. Dort kann ich lange vor mich hindösen, aber die Tagträume nicht festhalten. Ein älterer Mann setzt sich zu mir und erzählt und warnt. Wegen des Alkohols mußte er seine Arbeit als Koch aufgeben. Eine Operation, die ihm das Leben rettete und die Stimme kostete, zwingt ihn jetzt zur Untätigkeit. Ein Arbeitsloser von 40 000 hier im Departement. An der tiefsten Stelle seines Lebens, sagt er, und es ist etwas von Vertrauen da. Ich habe auch meine Arbeit gekündigt, sage ich, und frage ihn, wie es weitergehen soll. "Ich bin weder Optimist noch Pessimist", höre ich ihn, "sondern Realist". Was soll das heißen? In einigen Wochen fängt die Sommersaison an, dann wird es Jobs geben, als Tellerwäscher, ganz egal, was. Als Ausländer bekommst du hier keine Arbeit. Ich habe ein bißchen darauf gebaut – gebaut, gebaut! Stimmt nicht; ich habe die Möglichkeit in Erwägung gezogen, ungewiß und unfundiert wie immer – in Nizza einen Teil des nächsten Jahres zu verbringen, mit Françoise und einer anderen Arbeit. Die Warnung kommt gerade, als ich mich aufmachen will, Françoise noch einmal zu besuchen, den Besuch zu versuchen. Er informiert mich noch, wo man gratis schlafen kann und wo die Polizei kontrolliert, wer mir das Gepäck stehlen könnte und wer es ihm gestohlen hat. Ich fasse ihn am Arm und wünsche ihm Glück, als ich gehe.

Zuerst treffe ich Olivier - der dritte Mann – während er gerade aus dem Auto steigt und in das von Françoise einsteigen will. Ein wenig verlegen trete ich auf ihn zu und frage ihn, ob er nicht über mein Kommen verärgert sei. Natürlich sagt er auf seine sanfte Art nein und warum und schon habe ich wieder Oberhand. Ich will noch Zigaretten kaufen, er soll inzwischen Françoise mitteilen, daß ich da sei und die beiden sollen sich über die Situation ins Klare kommen. So denke ich es mir, während ich von einem geschlossenen Geschäft zum nächsten wandere. Die Françoise will ich auch braten lassen, nachdem sie mich ausgeladen hat. Eine winzige Rache. Mit ziemlicher - unziemlicher - Verspätung drücke ich an die Klingel, es öffnet niemand. Da hat das Luder also die Nachricht, daß ich vor seiner Wohnung stehe, dazu genutzt, um diese schleunigst zu verlassen, um ja nicht mit mir zusammenzutreffen. Soviel Dickköpfigkeit habe ich nicht erwartet. Aber was sie kann, kann ich auch. Ich setzte mich also auf eine Bank und warte, fest entschlossen, nicht klein beizugeben. Die Halbwüchsigen vor dem Haustor verprügeln einander abwechselnd in guter Freundschaft, junge Ehepaare schleppen Möbel, die Straßenlaternen leuchten auf. Es wird immer dunkler. Ich gebe klein bei. Ich reiße einen Zettel aus meinem Notizbuch - soll ich einen langen Brief schreiben oder die kalte Schulter zeigen? Ich entschließe mich für männliche Härte, schreibe nur kurz: „Ok, du hast mich geschlagen. Was nun? Bussi, Hans", falte den Zettel, um ihn besser unter der Tür durchschieben zu können. Plötzlich glaube ich, Olivier wieder zu erkennen. Er ist es wirklich, ich gehe zu ihm und frage ihn eher vorwurfsvoll, wo Françoise sei. Schließlich steckt er mit ihr unter einer Decke, meistens. Er ist besorgt, daß sie noch nicht aus Marseille zurück ist. Er hat sie für vier Uhr erwartet. Mein gedankliches Kartenhaus plumpst zusammen, den Zettel zerknittere ich beschämt.

Die Entscheidung heißt jetzt: warten oder nicht? Olivier will mich ins Zentrum zum Hotel mitnehmen, also abschieben, ich ersuche ihn um den Schlüssel für die Wohnung. Leicht fällt ihm der Entschluß nicht, mich dort oben auf seine Frau warten zu lassen. Wir sprechen noch ein wenig über das Groteske an der Situation, im Prinzip verbindet uns doch nur die Rivalität im Hinblick auf Françoise.

Dann bin ich in der Bude und er ist wieder weg. Ich lege mich in die Badewanne, benütze sein oder ihr Rasierzeug, föhne das Haupthaar, mit einem Wort, verwandle mich auf akzeptabel, nachdem mich am Nachmittag die Alkoholiker als Ihresgleichen angeschaut haben. Ein – mein einziges - weißes Hemd bildet das tongebende Accessoire, so daß Françoise später sagen kann: Du bist gut angezogen. In meinem Umhängtascherl habe ich neben dem Schlafsack noch eine Zahnbürste, warme Unterwäsche und eben dieses weiße Hemd: das langt für zwei Verkleidungen. Gut, zurück, sie kommt und kommt nicht, ich leere den Kühlschrank, aber der ist schon von Natur aus leer, also esse ich die letzten Brotreste aus meinem Jausensackerl.

Dann stehen sie in trauter Gemeinsamkeit vor der Tür: die heilige Familie, der Grundstein für Françoises neue Zukunft. Es, klein im Vordergrund, sie, er. Bussi, Carine, kennst du ihn noch? Ein zweites

Bussi. Ihre Augen lachen kumpelhaft fröhlich, mit einer versteckten Anspielung, á la: Ich hab's ja gewußt, oder: Ich kenn dich ja. Mein Ausdruck muß ähnlich sein, es liegt Verständnis in der Luft. Sie treten ein. Olivier bekommt Kopfweh, Carine erkennt mich langsam und beschäftigt mich als Nußknacker. Sie will lange nicht ins Bett gehen. Olivier wird von Françoise heimgeschickt. Er hat sich Sorgen gemacht, weil sie vier Stunden später als erwartet heimkam - sie war Tennisspielen - und nun das.

Das Gespräch dauert lange, ich habe eigentlich nichts zu sagen, wir kennen die Vorstellungen des anderen, trotzdem ist es gut, diese bestätigt zu bekommen. Sie liebt mich und wird mich immer lieben, aber leben wird sie nicht mit mir. Außerdem bin ich ein Schwein - im Kumpelton und auf Englisch, das klingt nicht hart -, weil ich nur auf bindungslose Freundschaft aus sei. Du willst herkommen, taktak, vögeln - ja, und außerdem möchte ich in einer schönen Gegend Urlaub machen. Die Auseinandersetzung wird zunehmend heiterer, nachdem ich anfangs schweigsam, traurig und müde war und mir ihre Auseinandersetzung mit hängenden Ohren gefallen ließ.

Sie hat ein etwas eindimensionales Bild von mir, wenn sie aufs Tak-Tak zu sprechen kommt, dann lacht sie auch entsprechend angeregt. Wieder einmal dient das Bett als Bindeglied, aber es ist nicht das einzige. Wenn ich an sie denke, dann mit der Vertrautheit, die ich alten Schulkameraden gegenüber aufbringe. Und ich denke gerne an Carine, sie könnte meine Tochter sein, bilde ich mir ein, nachdem Françoise ein bis zwei Jahre vor Carines Geburt ein Kind von mir abgetrieben hat. Alain hat für mich getan, wozu ich mich nicht entschließen konnte, das zweite Mal wird es Olivier tun, und ich werde von Zeit zu Zeit schöne Tage in Frankreich verbringen. Abgesehen von der Vertrautheit - Françoise gefällt mir diesmal weniger gut als zu Weihnachten. Ich merke, wie stark ich mich an die neue Freundin zu Hause gebunden fühle, ich kann mich auf Françoise nicht in derselben Weise einstellen wie bei unserem letzten Zusammensein. Liebesschwur geht mir keiner über die Lippen. Nachdem sie die gemeinsame Zukunft mit Olivier beschlossen hat, wird nun auch mir das zweite Ende dieser Beziehung klar - gefühlsmäßig.

Während sie neben mir liegt, spüre ich noch deutlicher, wie viel weniger ich ihr gegenüber empfinde. Die schöne Fähigkeit zur Polygamie, die mir jetzt fast ein Jahr lang treu geblieben ist, verläßt mich doch nicht?

Vielleicht greife ich zu sehr aus, es ist ein Abend, auf den ich gespannt gewartet habe, die Lösung der

Beziehung wurde bestätigt, wer bringt da schon viel Zärtlichkeit auf die Beine?

Es wird wirklich ein Tak-Tak, nicht mehr. Ich habe kein Schuldgefühl, weder der einen noch der anderen gegenüber (wirklich nicht?), aber es gelingt nur ein schwaches Stück, ein abgetakelter Einakter mit lustlosen Schauspielern.

Um mich herum zwitschern die Vögel, das ist auf längere Momente hin das einzige Geräusch, bevor in weiterer Entfernung wieder ein Auto hörbar wird. Hier blühen die Bäume noch nicht, der Schnee glänzt verlockend von den Bergen. Vielleicht kann ich in Grenoble schifahren? Im Augenblick aber ist es angenehm warm, das Gras grün zum Hineinsetzen, gelber Löwenzahn und Palmkätzchen: an der Landstraße nach Grenoble.

Auf der letzten Seite meines halbleeren Tagebuchs finde ich folgende Notiz:

Jetzt, nachdem du zum Schluß gekommen bist, sei mutig und übersetze es für mich ins Englische. Ich - ohne übertriebenes Selbstbewußtsein - verdiene es. Wo bist du jetzt, was treibst du? Was denkst du über all das? Soviele Fragen, auf die ich eine Antwort bekommen möchte. Im Augenblick schläfst du wie ein „Glücklicher", aber ich glaube nicht, daß du es bist.

218

Und trotzdem, ich wünsche es dir. Mit mir scheint es unmöglich, mit der ganzen Welt, vielleicht. - Françoise.

Im Auto, bei Vivaldi, ich genieße die „Vier Jahreszeiten", während der Schnee immer weiter ins Tal reicht. Ich weiß schon wieder, warum ich in den Süden fahren wollte: Die Schneeluft kriecht mir durch das Gewand, meine Lust zum Schifahren wird deutlich geringer.

Und wieder eine, die kämpft. Ich verstehe zwar nur die Hälfte von ihren Erzählungen über ihre Familie und die Arbeit, aber sie kämpft. Ich weiß nicht genau, welchen Kampf im Besonderen, aber ich verstehe es, wie ich den Mann am Strand verstanden habe. Ihr Gesicht zeigt es, die Zornfalten, die Falten von den Augen schräg nach unten beim Lachen, die nicht sehr fröhlich sind. Wir sitzen jetzt gemeinsam im Auto und hören Berlioz, rauchen nach der kurzen Pause noch je eine Zigarette. All das passiert auf dem Weg nach Grenoble. Ich weiß nicht, wie sie heißt, sie hat mich beim Stoppen aufgeklaubt. Die letzten 50 Kilometer lenke ich den Wagen. Au revoir, madame, merci - so einfach geht es nicht, wir tauschen noch die Adressen aus.

Souvenirs, Souvenirs! Ich begrüße aufgeregt all die Details in Grenoble, die sich vor vier Jahren in meine Erinnerung eingenistet haben, und manche von ihnen verfolgen mich. Ich lege die Platte von Yves Simon auf, das ist meine erste Aktivität hier. Vor vier Jahren lernte ich diese LP hier kennen. Später kaufte ich sie in Montreal, schenkte sie meiner Schwester in Vermont und hörte sie oft gemeinsam mit Tricia, die sie sich dann unter den Nagel riß, als Souvenir von mir. Letzten Sommer traf ich in Avignon auf diese Platte, in einem Landhaus, wo ich einige Tage Unterschlupf gefunden hatte. Der Text hing dort eingerahmt an der Wand:

Wenn du dir die Zeit nähmest/ Kamerad, mit dem ich zusammensitze/ mich unter meiner Haut zu betrachten/ im Herzen meiner Einsamkeit/ wo sich die Erinnerungen der Liebe, des Krieges und der Kälte eingraben/ auf meiner Hülle eines zerbrechlichen Menschen, wie aus Seide / du würdest dort dieselben Ängste sehen wie die deinen/ dieselben Delirien wie die deinen, mit Regenbögen und du würdest die Flügel eines Riesen sehen, verbrannt von der Luft der Zeit.

Jetzt muß ich die Platte umdrehen. Die Photos an den Wänden sind zum Teil andere, die von Moniques altem Freund - Christian, ich weiß sogar noch seinen Namen - hat sie alle weggeräumt, Che Guevara hingegen kaut noch immer genüßlich an seiner Zigarre, vergilbt, eingerahmt von indischen Tüchern und Tapisserien. Zur Begrüßung spielt sie mir etwas auf dem Akkordeon vor, wunderschön, zum Schmelzen. Und dann, etwas später, noch einmal: Ecoute! Do you know that? Und ob ich das kenne! „Au marche du palais". Ich habe es von Françoise vor acht Jahren gelernt und vor vier Jahren an Monique weitergegeben, die es jetzt auf Jahrmärkten spielt. Zu Weihnachten dichteten Françoise, Carine und ich einen neuen Text: „on mange du poulet", Carine singt das Lied seitdem nur mehr so.

Souvenirs, Souvenirs.

Wie soll ich es einordnen?

Ein Den-schönen-Zeiten-Nachlaufen? Beziehungen, die über die Zeit und Erfahrung hinweg sich aufrecht erhalten haben? Ein Abschied von meinen Romanzen, ein Aufwärmen?

Ich möchte Monique streicheln, noch einmal fühle ich diese Zärtlichkeit wiedergewonnener Vertrautheit. Sie ist zurückhaltender, wir verwirren einander, wollen wissen, was in der Zwischenzeit geschehen ist, es dem, der anderen zeigen, was man getan und gelernt hat. Mit einem nicht entzifferbaren Schwall von Ausdrucksversuchen überfallen wir einander. Fünf Minuten nach meinem Eintreffen will ich wissen, wie sie sich in vier Jahren entwickelt hat, ihre Erklärungen und meine Entschuldigung, meine Klarstellung und ihre Anschauung verhaspeln sich aneinander. Wir lassen den ganzen Mist ungeordnet fallen und liegen; zu vieles an Neugierde und ungeklärten Emotionen ist aufgestaut und findet seinen Weg nicht. Das Akkordeon hilft uns aus der Patsche,

Ein Walzer auf der Knöpferlorgel, ein Lied von Brassens, Moniques tiefe Stimme und ein, zwei Gläser Rotwein wehen im Frühlingswind.

„Du schreibst deine Existenz?", fragt mich Pierre; etwa sieben oder acht Jahre alt ist er. Jetzt vertrollt er sich mit einen Krampen in den Händen. Ein anderes Kind versucht auch die Ziehharmonika, die Hausfrau geht mit zwei Schaufeln vorbei. Blumen werden eingesetzt, der Wein und der Schafkäse sind schon vom Tisch geräumt. Pierre hat ein Stück Glas gefunden und hält es seiner Mutter unter die Nase.

Der warme Wind streichelt uns und das Steinhaus am Bergrand. An den Bäumen treiben die Knospen. wenn ich den Blick hebe, sehe ich weit hinunter ins Tal, wenn ich ihn noch mehr hebe, glänzt mir der Schnee vom Berghang herunter.

Die Sonne scheint, einige Regentropfen fallen. Pierre hat mir das Glasstück zugeworfen, es spiegelt braun und geädert in meiner Hand. Die Zieh-

harmonika wird nach wie vor probiert, aber was die Kinder daraus machen, geht nicht so ins Gemüt wie Moniques Auftritt. Ihr Gesicht dabei – ich muß immer lachen, wenn sie spielt, sie schaut so ernst, die Haarsträhnen fallen vor die Nase. Die Musik ist unendlich wichtig, sie trägt dich, sie, fort, Pierre legt mir Schlüsselblumen und Löwenzahn auf das Notizbuch, er ist so neugierig, was ich da schreibe. Und Monique, neben mir, diskutiert eine Frauenzeitschrift mit einem von den Mädchen. „Du brauchst nicht reich sein, um schön zu sein", beide lachen. Schade, daß sie zu spielen aufgehört hat, aber ich hätte es doch nicht richtig beschreiben können, Monique bei ihren Tangos und Walzern, denen ich mich nicht verschließen kann. Ich möchte sie immer am liebsten abbusseln, wenn sie in die Knöpferlharmonika versunken ist.

Wir waren schifahren, diesen Vormittag, auf weiten, weiten Hängen. Ich, österreichischer Schilehrer, war der Kaiser über Berg und Tal. Das erste Mal, als es mich aufschmiß, lachte ich, das zweite Mal zog ich die Jeans runter und schüttelte den Schnee aus der Unterhose, das dritte Mal wurde es ernst. Ich kreuzte gottseidank die Arme vor dem Gesicht, als es mir den Schi mit aller Wucht über den Schädel pracken wollte. Dann war ich so verdattert, daß mir die Schi noch im Stehen übers Kreuz kamen. Bei einer langen Sesselliftfahrt und einem Schmaucherl konnte ich mich erholen, die Aprilsonne brannte durch den Pullover und der laue Wind trocknete sogar die Unterhose.

Die letzte Nacht - die erste bei Monique - begann mit einem ausgelassenen Fest und einem Fondue. Serge spielte auf der Gitarre, die anderen tanzten und sangen, klopften, agierten, spielten Theater. Wir waren müde, als wir uns in ihrer Bude die Zähne putzten und das Gewand über die Tischbank warfen. Sie fragte mich, wo ich schlafen wollte, und mir war es wurscht, das heißt, ich konnte mich nicht entscheiden. Doch, nachdem mit einer Frau im Bett sein für mich gleichbedeutend mit Vögeln ist, wollte ich lieber in einem eigenen Bett oder auf dem Fußboden schlafen. Als sie mich fragte „Möchtest du bei mir schlafen?", sagte ich „Ja" und druckste noch an einem „Aber" herum, das letztlich unverständlich blieb und die Situation noch verworrener machte. Ich spürte sie gerne und streichelte sie gerne, in der Nacht wachte ich oft auf. Die neue Freundin zu Hause war immer dabei.

Als es so weit war, daß Monique sagte, sie würde gerne mit mir schlafen, und ob ich auch ..., blieb ich standhaft und weiß jetzt nicht, ob das heroisch war oder blöd. Auf jeden Fall möchte ich nicht wieder eine Liebesgeschichte ins Rollen bringen, also ließ ich es sein. Ob ich dieselbe Situation ein zweites Mal so durchsteh, weiß ich nicht. Gelegenheit macht bekanntlich - eh schon wissen: Liebschaften, die nicht halten.

Was sie versprechen.

Monique. Sie ist ruhiger geworden. Sie stellt nicht mehr jede Äußerung in Frage, zerrt nicht mehr das vielleicht Unterbewußte nach oben. Ganz im Gegenteil. Wir leben im Augenblick und alles andere zählt nicht viel, diese Seite kehrt sie nach außen. Welche Erfahrung steckt dahinter? Ich sage ihr, sie sei vorsichtiger geworden. Ich empfinde ihr Verhalten als Rückzug. Ich will etwas von ihr und bohre nach, aber sie verschanzt sich hinter ihrer Erwartungslosigkeit. „Wie habe ich mich verändert in den vier Jahren?" Ich will es wissen, um mein idealisiertes Selbstbild der Vergangenheit korrigieren zu können. Sie aber meint, sie wüßte es nicht, sie könnte es nicht sagen, wir seien nur einen Tag zusammen, usw., es kommt nichts raus. Ich sage ihr, wie ich sie empfinde, daß sie nicht mehr so interessiert erscheint, weniger engagiert. Das Gespräch läuft über dem Essen aus, wir beschließen, bald ins Bett zu gehen.

Ein eigenartiges Mißverhältnis bleibt bestehen: Ich will etwas von ihr, sie war einmal ein Mensch, an dem ich mich orientiert habe; ich brauche ihre Erfahrung. Sie hat wenig Interesse daran, sieht nur

226

das Zwischenspiel von zwei Tagen. So ähnlich wird es auch damals gewesen sein, fällt mir auf. Wir gehen jetzt miteinander um wie ein altes Paar, das die Formen einer Beziehung aufrecht erhält, ohne deren Inhalt. Wir berühren einander viel - ich sie mehr als sie mich -, wenn mehr Leute beisammen sind, halte ich mich vor allem an sie, schon wegen der Sprache. Was dahinter steckt, ist unklar, aber im Prinzip ist die Beziehung zu Ende. Wahrscheinlich war sie nie so, wie ich sie mir vorgestellt habe. Das Gespräch beim Abendessen hat mich rückwirkend desillusioniert.

Wir fahren am Morgen gemeinsam mit zwei ihrer Freundinnen nach Süden, der Sonne zu. Mit gutem Grund: in Grenoble schüttet es, während der Fahrt ist es dunkel wie im Winter. Wieder bin ich mit drei Frauen zusammen. Ich wollte Dan auf die Reise mitnehmen, um einmal diesem Weiberzirkus zu entkommen; ich schlittere immer wieder hinein. Noch dazu verstehe ich ihren Schmäh nicht, er geht öfter auf meine Kosten und ich kann mich nicht wehren, nicht auf dieser Ebene. Ich fühle mich nicht sehr wohl in meiner Haut, habe Kopfweh und lasse es über mich ergehen. Weil ich keine Arbeiten zu erledigen habe, kann ich mich in dieses Gefühl körperlicher und persönlicher Schwäche hineinfallen lassen, und das macht es erträglich. Ich muß nicht mit doppelter Anstrengung überspielen, daß ich mich schwach

fühle, vielleicht auch traurig. Wegen der enttäuschten Illusion? Wegen der Abhängigkeit von den drei Reisegenossinnen? Sie attackieren mich von Zeit zu Zeit, auch körperlich. Natürlich ist alles nur Spaß, aber ich zittere nachher. Alle sind aufgeregt, sie wollen mich ins Besenkammerl stecken, dieser Schmäh läuft den ganzen Abend. Ich nehme sie mit Judotricks auf den Arm, etwas anderes steht mir nicht zur Verfügung.

Der Abend läuft in gegenseitiger Massage aus. Sad, ein Marokkaner, streichelt mich vor allen zwischen den Schenkeln, während Monique zart den Rücken massiert. Meine Verspannung lockert sich lange nicht, die anderen kommentieren fleißig die Situation, Simone hilft mit Kitzeln nach. Langsam wird es friedlicher und die Massage nimmt immer eindeutiger erotische Formen an - sowohl bei Sad als auch bei Monique. Ich lasse den Kopf tief über den Bettrand hängen und es mir gut gehen. Bei Erotik bin ich noch immer zu Hause.

Ins Schlafzimmer scheint der Vollmond, es ist sehr warm, nur das Leintuch genügt. Mein Körper hat sich wieder eingependelt, alle Hautstückeln dürfen mitspielen. Mit der Enthaltsamkeit ist es vorbei.

Die Wassertropfen an meinen Füßen glitzern in der Mittagesonne, verdunsten langsam. Die Füße liegen übereinander, verschränkt. Ich spüre sie atmen nach dem kurzen Bad im Fluß. Ein tiefgelber Schmetterling erkundigt sich, wie ich rieche - nach Schweiß natürlich, ich habe das löchrige Leiberl eine Woche lang nicht gewechselt. Aber die Füße sind frisch, bitte, mit allen Wassern der Provence gewaschen. Der Bergbach lädt zum Trinken ein, aber weiter flußauf gibt es noch einige Ortschaften, sicher ohne Kläranlage. Aber baden werde ich, sobald mich die Sonne richtig aufgeheizt hat. Dort, wo das Wasser über einen Stein schießt und dahinter aufsprudelt, plappert es unverständlich vor sich hin, da, wo es sich an den Wurzeln einer Weide verfängt, spricht einer dagegen. Jeder Punkt hat seine eigene Tonfolge. Ein Frosch quakt zwei-, dreimal dazwischen und gibt wieder Frieden. Die Haare vor meinen Augen brechen das Licht, sie schimmern grün, violett, rot. Ein Wölklein hängt sich vor die Sonne und läßt mich mit dem Wasser allein. Anstatt zu trinken, rauche ich eine Zigarette. Die sind gut für viele "anstatt", lassen aber nur einen trockenen Geschmack zurück, ohne das jeweilige Bedürfnis zu stillen. Auf diese Weise vertilge ich pro Tag ein Packerl Gauloise.

Von Monique habe ich mich getrennt. Ich marschiere jetzt allein und zu Fuß taleinwärts, in eines der vielen Herzen der Provence. Am Straßenrand blüht der Rosmarin, ich packe ein Büscherl davon zum Lavendel von gestern, der im Rucksack meiner Wäsche gut tut. Und jetzt sitze ich eben hier am Bach, der seicht über das Schotterbett sprudelt, und schreibe, hätte gerne eine Flasche Mineralwasser.

Eigentlich wollte ich mich schon gestern selbständig machen, aber das gesicherte Nachtquartier hielt mich zurück. Diese Bequemlichkeit bezahlte ich mit einem Gefühl großer Abhängigkeit. Alle Pläne wurden auf Französisch, das heißt, zum größten Teil ohne mich, gefaßt. Im Prinzip hatte ich mich selbst eingeladen und Monique hielt sich mit jeder weiteren Aufforderung zu bleiben, etwas gemeinsam zu unternehmen etc., weitgehend zurück. Aber wiederum nicht so, daß ich das Gefühl hatte, sie wollte mich abweisen. Sie überließ diese Entscheidungen ausdrücklich dem Augenblick, was mich wiederum der Unsicherheit überließ. Ich habe es ausgehalten. Es gab Spannungen und Streitereien. Wir sprachen uns nicht darüber aus, deshalb weiß ich auch jetzt nicht, wie sie den Streit empfand. Für mich ergab sich die Alternative, mich den Plänen der anderen anzuschließen oder meiner Wege zu ziehen. Über diese Wahlmöglichkeit war ich unglücklich, versuchte mich in die Entscheidungsfindung einzuschalten, ohne Glück, also war ich noch unglücklicher und fing an zu biezeln. Über mein Verhalten in Gruppen muß ich noch einiges nachlernen.

Der Tag stand unter dem Eindruck dieser Spannungen. Wir häkelten einander, waren angefressen, mir paßte das und jenes nicht. Daraufhin riß Simone aus und rannte allein über die windverblasene Hochfläche des Contador – Plateaus. Monique und ich fanden inmitten des wilden Lavendels wieder mehr Ruhe miteinander, bevor wir uns auf unsere musischen Neigungen zurückzogen. Sie spielte auf einem Hügel ihr Akkordeon. Von Zeit zu Zeit blies mir der Wind eine Melodie zu, während ich in einer Mulde eines der gekrümmten und gewundenen Lavendelfelder porträtierte.

Als sie mich rief, war sie bereits von Publikum umgeben: Auf dem Hof eines Bauernanwesens spielte sie von den Brücken von Paris und dem Leben darunter. Der Altbauer war begeistert über die Abwechslung in der Einschicht, kramte die musikalischen Erinnerungen aus seiner Jugendzeit hervor und versuchte sich auch an der Ziehharmonika. Der kleinen Babette machte es offensichtlich nicht viel aus, daß er die Melodie nicht fand und gleich wieder verlor, sie war ihrerseits von meinem Wollpullover begeistert, an dem sie den Gebrauch ihrer vier Zähne kennenlernte. Mir wiederum gefiel das zarte Fell dieses Fohlens und seine großen Augen, so hatte jeder etwas vom anderen. Der Wind blies und ein Walzer flog über den Hof, während die beiden Welpen das Laufen und Raufen lernten, die Zwerghenne über ihren eintägigen Küken protzte und die beiden weißen Turteltauben ... Allenthalben zeigte der Frühling seine Fruchtbarkeit. Auch in der Stube saßen sieben oder acht Kinder, allerdings nicht von heuer.

Ich bin einen ganzen Tag gehatscht, im Flußbett, über Bewässerungskanäle, Wiesen, Landstraßen. In den Dörfern war immer etwas zu erledigen: Entweder ich suchte ein Ferienhaus für den nächsten Sommer oder ich telephonierte nach Nizza, alles war mit vielen Komplikationen verbunden. Wenn es nicht so wäre, würde ich nicht die Leute auf den Straßen, in den Dorfwirtshäusern, in der Gemeindestube anquatschen. Also bin ich immer mit Einheimischen im Gespräch, mein Französisch reicht schon für längere Unterhaltungen aus. Bars sind natürlich am ergiebigsten, aber auch der saufende Bürgermeister von Entrevennes konnte mir nicht helfen, ein Sommerhaus zu finden.

Der Feldweg führt mich über ein Plateau durch sauber aufgesäumte Lavendelfelder, die grünviolett bis zum diesigen Himmel reichen, der hier besonders niedrig hängt. Zwischen den Reihen von Lavendelbüschen spielt die Erde in all ihren Farben. Gelegentlich führt der Weg durch blühende Mandelhaine, wuchtig und quadratisch, wiederum in geometrischer Ordnung ziehen die Baumreihen das

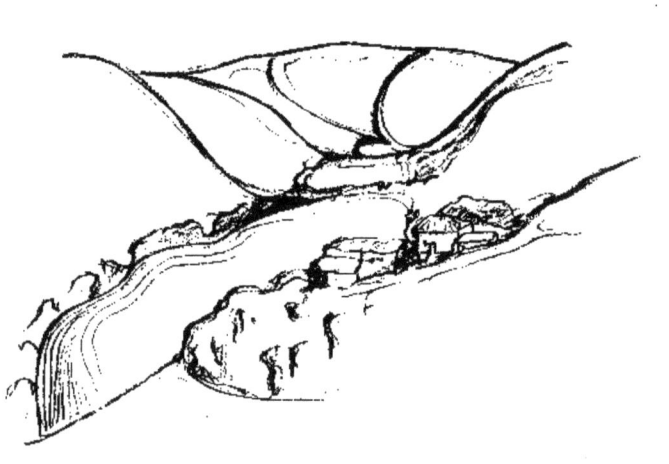

Relief nach. Jede Kuppe, jedes Tal spiegelt sich verstärkt in seinen Kulturen.

Ich blicke manchmal zurück nach Entrevennes, dessen Häuser sich eng um eine dieser Kuppen drängen, auf der Spitze sitzen Burg und Kirche. Die Häuser bilden eine geschlossene Front. Ich habe dort drüben bei Lehrerkollegen übernachtet, die ich im Dorfwirtshaus aufgegabelt hatte. Ich bewegte mich auf bekanntem Terrain. So war es nicht schwer, zu einer Einladung zu kommen. Wir fraßen gut und die Männer waren besoffen. Wir sprachen über Sprachen und das 68-iger Jahr, zu dessen Generation wir allesamt gehören. Das heißt, ich konnte mich frei und wie gewohnt bewegen.

Vom Morgen an trieb es mich wieder, ich mußte früher aufstehen, den Schlafsack zusammenrollen und den Wandersack schnüren, nahm mir doch noch Zeit für einen Kaffee. Die Hunde und Katzen warteten schon aufgeregt auf ihr Frühstück, auch die Kinder setzten sich etwas später an den Tisch, Elisabeth, die Hausfrau, soundso, sie mußte ja Kaffee brauen. Die Männer schnarchten noch. Als es hieß „der Kaffee ist fertig!", drehte sich der eine wie der andere im Bett um, zog die Decke etwas enger ans Gesicht und einer murmelte noch etwas, dann hörte ich sie wieder schnarchen. Ich bedankte mich und stürzte über die Felder.

Wandern. Allmählich verliere ich den Blick für die Landschaft und spüre nur mehr den Druck in Brust und Kopf. Ich wandle den inneren Druck in Wegkilometer um. Der Weg verliert sich nach beiden Richtungen am Horizont. Ich bin allein mit dem Himmel, sehe mich von Zeit zu Zeit um, um mich meiner Einsamkeit zu vergewissern.

Eine Wegkreuzung zwingt mich zur Entscheidung, holt mich aus mir zurück. Ich suche nach der letzten Zigarette und setze mich unter einen blühenden Mandelbaum. Kalt bläst der Wind über das Plateau.

Ich bin allein. Kein Berg ist zu bezwingen, kein Ziel zu erreichen, keine Schwierigkeit zu überwinden, die meine Aufmerksamkeit gefangen halten könnte. Ich bin allein, und da reiten mich ganz schön die sieben Teufel. Fast hätte ich aufgegeben, als es zu regnen begann, um Françoises Einladung nach Marseille zu folgen, gegen meinen Entschluß.

Das Telephonat funktionierte nicht, vielleicht war niemand zu Hause. Ich war so nervös, daß mich vielleicht ein Flic erwischen könnte, als ich in der Telephonzelle den verbotenen Trick zum Gratistelefonieren anwenden wollte. Ich steckte ein Kupferkabel in den Kopfhörer, um die Zeitnehmung zu unterbrechen, es knackte, und wieder fiel ein Franc in den

Münzbehälter. So verlor ich Franc um Franc, ohne zu meinem Telephonat zu gelangen.

Da war heute die Geschichte mit dem Wolf. Über ein langes Wegstück waren im feuchten Lehm Spuren von großen Hundepfoten zu sehen. Wenn ich abbog, dann gingen sie auch dort weiter. Natürlich war es ein Wolf. Und da stand er auch schon vor mir. Er griff mich wild knurrend an. Ich hatte in der Linken einen Prügel, mit der Rechten faßte ich einen Stein, war genauso mordlüstern wie das Vieh. Mein Schatz, du oder ich, sagte ich ihm, und er verstand. Dann ging es los. Mein erster Stein traf ihn auf den Kopf und mein Prügel ließ ihm keine Zeit, wegzulaufen. Er brach ihm das Rückgrat. Ich kniete über ihm, steckte das Holzstück zwischen seine Zähne, er schnappte und zerrte mit aller Kraft, dabei erwischte er meinen kleinen Finger. Er war in das Holzstück verbissen, ich in ihn, und ich drehte seinen Kopf mit aller Gewalt, bis das Genick nicht mehr mithalten konnte. Er lag zuckend am Boden. Ich wühlte in seinem Blut und zog ihm das Fell ab, als Trophäe.

Eine Phantasie meiner Angst und meiner Stärke. Ein Bild kommt mir in den Sinn, in dem ich angegriffen werde, und ich setze mich heldenhaft zur Wehr. Als mich dann bei einem Bauernhof ein Hund böse ankläffte, hatte ich ein flaues Gefühl.

Ich lebe nicht nur in mir, während ich die Kilometer ablaufe wie eine Maschine. Ein Bauer mit tiefbraunem Gesicht, keinen Falten unter den Augen und einer großen Warze, aus der zwei lange weiße Haare hervorstechen, will mich davon überzeugen, daß ich den falschen Weg gehe. Nachdem ich ihn überzeugt habe, nämlich vom Gegenteil, erzählt er von seiner Kriegsgefangenschaft in Innsbruck und wie ihm die Österreicher immer heimlich Zigaretten zugesteckt haben. Bei der Gelegenheit schnorrt er gleich eine. Wie zäh sich so frühe Erinnerungen halten können! Dann sprechen wir noch über Politik und wie sich die Zeiten ändern, sagen dreimal „au revoir" und „bonne route", klopfen einander die Schultern ab und ich lasse wieder das Plateau an mir vorbeiziehen.

Die Farben sind unbeschreibbar; ich will es trotzdem versuchen. Die Hügel schimmern rosa bis gebrannte Siena, stellenweise fleischgrell, so daß man sich hineinstürzen möchte, an anderen Stellen hauchdünn, pastellfarben in weiterer Ferne. Dagegen kämpft das Giftgrün des keimenden Getreides, oder es gesellt sich freundlich zart zum Rosa, je nach Entfernung und Dichte des Feldes. Über dieses Farbenmuster legt sich ein Netz von Furchen, die Perlenketten der Lavendelbeete, Öl- und Mandelhaine. Die Linien schneiden einander in den verschiedensten Winkeln, allein über einem Lavendelfeld gibt es vier oder fünf verschiedene Linien, die alle von meinem Blickpunkt als Zentrum ausgehen. Wenn ich mich bewege, verändern sich zwar die Büsche, die Linien im Feld aber bleiben gleich. Der Weg vor mir verschwindet auf der nächsten Anhöhe, erscheint wieder über der folgenden Kuppe in einer anderen Lage und verläuft sich derart im Zick-Zack zum Horizont. Aber all das müßte ich zeichnen, vielmehr malen, meine Sprache ist zu wenig geübt dafür.

Lange bevor es dunkelt, finde ich ein zauberhaftes Platzerl. Auf der Karte ist eine Kirche eingezeichnet. Ich treffe nur mehr drei Eichen an, in geometrischer Lage zueinander, einige Mauerreste, einen Damm, der den Bach zu einem Fischteich aufstaut: Spuren verlassener Kultur. Allerdings stoße ich auch auf drei Wohnwagen. So sehr mir die Wiese, der Bach und der Platz unter den Eichen gefällt, ich will keine Leute, schon gar keine Wohnwagenbewohner mit kläffenden Hunden und ausgefressenen Gschrappen. Ich sehe mich um, komme mir in meiner Menschenscheue wie ein Dieb vor, und entdecke den Glockenturm. Die Kirche gibt es noch, verlassen zwar, die Tür schief in den Angeln und des Kruzifix abmontiert, aber was könnte mich weniger stören? Das Hotel gefällt mir in seiner Baufälligkeit nicht besonders - ich denke an Skorpione - aber es besitzt ein Dach gegen den nächtlichen Regen.

240

Es ist noch viel zu hell zum Sich-Verkriechen. Ich unternehme eine Erkundigungstour und finde so das Platzerl, wo sich Feen und Faune ihre Morgenfeste geben müssen. Wieder sind es wild verbogene Eichen, die einen Wiesengrund über dem Teich schützen. Das Gekläff und Geschrei der Urlauber klingt nur schwach hierher. Hier also packe ich den restlichen Ziegenkäse aus, lese in der Dämmerung die gestrige Zeitung und igle mich mit den ersten Sternen im Schlafsack ein. Die Spannung, die mich den ganzen Tag über begleitet hat, bleibt mir auch nachts treu. Ich bin es nicht mehr gewohnt, im Freien zu schlafen.

Als ich frierend aufwache, steht der Vollmond in den Eichen. Ich habe schon acht Stunden geschlafen, und es will und will nicht Tag werden. Also vertilge ich den letzten Käse, den letzten Apfel und lese die letzte Seite der Zeitung im Licht der Taschenlampe. Es ist fünf Uhr früh, der Mond strahlt, die Kälte hat mich vom Schopf bis zur Zehe, da hilft auch keine Angorawäsche mehr. Ich krieche wieder in meine Daunen.

Draußen, vor dem Schlafsack, vollzieht sich allmählich der Schichtwechsel in der Tierwelt. Eule und Nachtigall melden sich immer seltener und auch der Frosch hält endlich seine Goschen. Die ersten Tagvögel beginnen, sich den guten Morgen von der

Seele zu plärren. Im Fußende meines Schlafsacks kauernd, kann ich ihr Morgenleid tief mitempfinden. Endlich ertönt der dritte Hahnenschrei und der Mond schlüpft hinter den Horizont.

Ein kalter, sonniger Morgen begrüßt mich, als ich wieder zum Atmen auftauche. So kalt, daß es mir gleich ein frisch-fröhliches Lied aus der Brust reißt und die Nase den Wasserhahn ersetzt. Ich gehe nicht zum Bach waschen. Und auch die fünf Schichten Unter- und Überwäsche will ich anbehalten, bis mir vom Laufen warm wird.

Bis dahin dauert es allerdings lange. Erstens heizt die Sonne mich nicht so richtig, zweitens nimmt mich beim Stoppen keiner mit. Ostersonntag morgen, wer fährt da schon im Auto? Es dauert etliche Kilometer, schöne Kilometer in einem verlassenen Tal, bis ich zuerst die wollene Strumpfhose ablege und dann das Kastell der nächsten Stadt wahrnehme. Dort fechte ich meinen Kampf mit Telephon und Kupferkabel weiter, stopfe in all der Aufregung ein Kuchenstück nach den anderen hinunter und vergesse auf den Frühstückskaffee.

Ich beschloß, mich bis auf Weiteres nicht mehr auf Psychotrips beim Wandern einzulassen. Die Realität, das Frühstück, das Stoppen und die Probleme der Rückfahrt nahmen mich von nun an in Anspruch.

Mit der Nacht unter dem Mond hat die Reise ihren tiefsten und auch intensivsten Punkt erreicht, weiter wollte ich mich nicht vom Bekannten weg wagen. Mit dem frischen Morgen hatte ich mich wieder an die Oberfläche zurückgeholt, und dort wollte ich bleiben. Ab diesen Punkt hatte ich das Gefühl, daß die Reise vorbei sei. Ich erwartete keine weiteren Erfahrungen mehr. Zur Abrundung traf ich doch noch einmal Françoise in Aix. Die alte Beziehung, die verspielte Begegnung und der sommerliche Nachmittag unter den Platanen der Provence sorgten für ein friedliches und zufriedenes „Bye-bye". Es zeigte sich kein neuer Aspekt mehr. Wir hatten Spaß und Freude, redeten ein bißchen über's Wenn und Aber und beschlossen dann doch, nicht zu heiraten. Dann sprang ich in den Zug, der gerade abfahren wollte, sie mußte auch zu Mann und Kind heim.

In Marseille erlaubte ich mir noch eine letzte Dummheit für diese Osterwoche: Ich stieg in den "Mistral", er fuhr ab und ich durfte blechen bis ich schwarz vor Ärger war. Der Zug hatte nur erste Klasse und die Fahrt nach Nizza kostete fast so viel wie die von Nizza bis Wien.

Die Geschichte könnte endlos weitergehen, nicht ganz endlos natürlich. Aber die Woche ist vorbei. Es ist Ostersonntag Mitternacht, der Zug steht an der italienischen Grenze.

Ich bin angestellt
breit meine Flügel aus,
flieg um die Welt.
Hier ist es zum Landen schön
mal sehn mit Zen
wie soll die Reise weiter gehn?
Ein Blick im Kreis – bleiches Gesicht
den Platz den kenn ich.
Der Wind trieb mich erneut in dieses Eck
oder ging ich gar nie weg?

# AUS EINEM BRIEF AUS KANYANGA

*In einem kleinen Dorf im Nordosten von Sambia.*
*Mit dem Motorrad durch den afrikanischen Busch.*

Abend auf der Terrasse. Die Dire Straits-Kassette, die ich eigentlich einmal für Dich gekauft habe. Petroleumlicht. Ein paar Moskitos. Gesalzene Erdnüsse und Tee. Johanna, ihr Baby, Gerhard, der eine Projektabrechnung macht, und ich, natürlich. Tropische Kälte. Pullover und Jacke habe ich an, der Atem kondensiert. Trommeln in der Nacht aus den umliegenden Dörfern. So wie jeden Abend, und doch nicht. Gestern waren wir lustig, heute sind wir schmähschtad.

Ich fühl mich recht wohl hier, komme mit den beiden gut aus. Aber heute fühl ich mich ein bißchen im Stress, weil ich glaub, daß ich das Arbeitsquantum nicht recht schaffe. Eine alte Krankheit, sobald ich mich auf eine Aufgabe einlasse. Sicher schaff ich's, weil ich mir ja den Umfang mehr oder weniger selbst definieren kann. Aber gestern hat mir Nkhoma (der Projektleiter) eine Liste mit 85 Dörfern gegeben, die er auf der Karte haben will. Und die Arbeit geht nicht weiter, weil jeden zweiten Tag ein

Begräbnis ist und man da nicht arbeiten darf. Jetzt bin ich halt trotz afrikanischer Ruhe wieder einmal an diesem Punkt angelangt. Aber das ist nicht alles, es ist nur heute so. In den letzten Tagen hatte ich ein sehr volles, zufriedenes Gefühl. Mit mir und der Welt. Und wenn ich in der Früh zuerst noch im Garten zwischen den Bananenstauden und den vollen Orangenbäumen spazieren gehe, später im vollen Morgenlicht auf Waldwegen durch den Busch fahre, dann ist die Welt sehr in Ordnung. Am Anfang war alles ein bißchen ungewohnt, da war ich ziemlich ängstlich – das Motorradfahren, der fremdartige Wald, die Krankheiten. Jetzt ist alles wieder vertraut und ich erlebe den Wald hier fast so wie den Wald zu Hause. Es ist ein Unterschied, ob man auf jedem Baum eine Giftschlange vermutet oder ob man das Spiel des Lichts im losen Blätterdach im Auge hat. Beide Situationen erlebe ich hier sehr stark – Ängstlichkeiten und Zufriedenheiten. Vielleicht intensiver als zu Hause, weil alles anders ist.

Mit dem Motorrad ist es das Gleiche: Einmal fahr ich ziemlich unsicher im Sand, dann pack ich ihn wieder wie einst der Marlon Brando. Bei meiner ersten Ausfahrt hatte ich gleich alle Glücksfälle auf einmal: In der Abenddämmerung brennt mir die Lampe durch. Ich war, wie gesagt, das erste Mal unterwegs und mir über den Weg ganz unsicher. So bin ich im Mondschein fast blind heimgefahren, und natürlich hat's mich im ersten Sandhaufen aufg'steckt. Der knietiefe Sand an manchen Stellen ist scheußlich, am besten ist's, man fährt mit Vollgas durch, das reißt in alle Richtungen, weil man die Spur nicht halten kann, dann ist man wieder auf festem Grund. Wenn'st langsam fährst, (aus Vorsicht), verlierst du die Spur sicher und kommst ins Schleudern. Ein "Männerabenteuer", sag ich dir. Auch gleich bei dieser ersten Ausfahrt bin ich mit dem Fuß an einem Baumstumpf hängen geblieben, daß ich geglaubt habe, mir reißt es den Haxen ab. Aber nix ist passiert und seitdem paß ich im Wald mehr auf und fahre gemütlich. Und meinen Mitfahrer laß ich nicht ohne Schuhe aufsitzen (zuerst war es schwierig, Schuhe für ihn aufzutreiben).

Das Motorradfahren ist mir trotzdem das Liebste an dem Job. Stundenlang im Wald spazierenfahren, Ortschaften auskundschaften und später, zu Hause, die Fahrtroute auf den Luftbildern identifizieren, das tu ich alles sehr gerne. Weniger gerne zeichne ich die Luftbilder ab, da bin ich nachher recht müde.

Sonst ist alles weniger dramatisch als erwartet... die Isoliertheit und die materiellen Beschränkungen machen mir nichts aus. Wir sind zu dritt, tagsüber sind wir soundso angehängt und abends, beim Petroleumlamperl, plaudern wir über Gott und die Welt. Msipazi, etwa zweihundert Kilometer von hier, wo

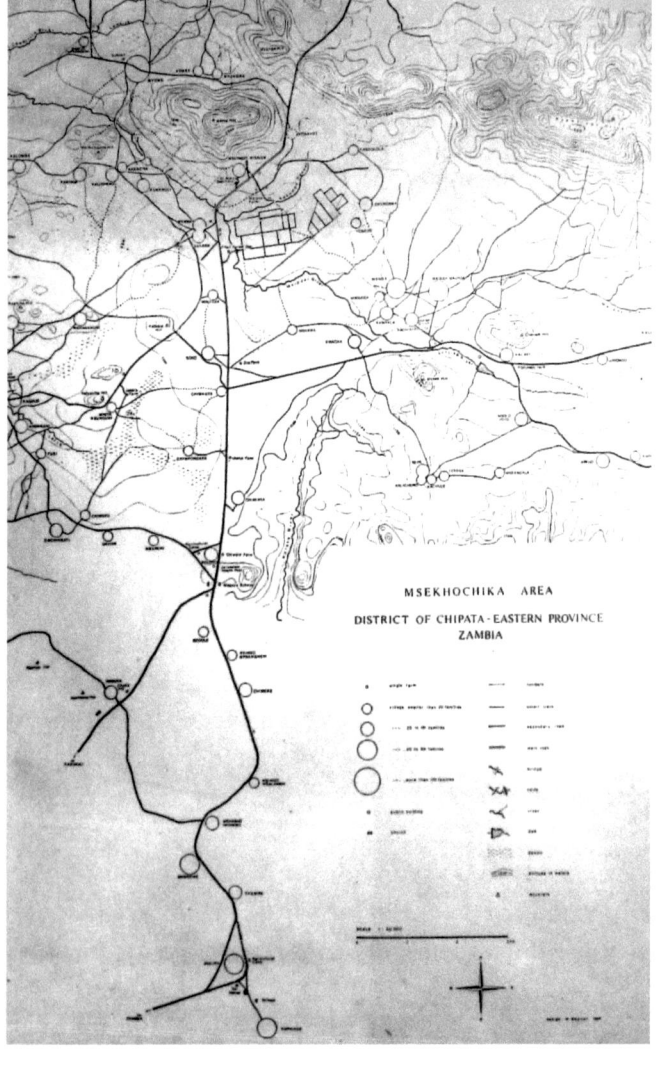

MSEKHOCHIKA AREA

DISTRICT OF CHIPATA - EASTERN PROVINCE
ZAMBIA

ich voriges Jahr das Gefühl hatte, am Ende der Welt zu sein, schaut von hier wie das Zentrum der Welt aus. Dort gibt es alles, was es hier nicht gibt. Diesel zum Beispiel. Heute hat Gerhard ein Faß voll ergattern können. Das heißt, er kann wieder zwei Wochen mit dem Auto fahren. Ohne Diesel geht auch die Wasserpumpe nicht, aber so weit waren wir bis jetzt nicht. Ich hab auch zwei Kanister Benzin für mein Motorrad hierher mitgebracht, aber damit komme ich nicht aus und ob wir dann wieder welchen bekommen, ist nicht sicher.

So geht es auf allen Ebenen. Einmal bringt jemand einen halben Sack voll Mehl, dann gibts wieder Mehl, sonst eben Maisgrieß. Vielleicht fahren wir morgen nach Msipazi und dort kann ich mir meine Batterien für den Walkman aufladen, denn die haben dort Strom. Hier hängt der Kassettenrekorder am Abend an der Autobatterie. Den Walkman für die Musikbegleitung beim Landkartenzeichnen schätze ich übrigens wirklich sehr. Ich habe mir in Msipazi einen ausgeborgt.

Wie du siehst, es geht alles. Die Gasflasche ist heute leer geworden, jetzt kocht die Johanna auf dem Holzofen, übrigens sagenhaft gut auf großmütterliche Weise (muß sie, weil's eben nichts gibt). Eigene Orangenmarmelade, selbstgemachten Schokoladeaufstrich, frischgepreßten Orangensaft vom

Obstgarten, selbstangebauten Kaffee, Gemüse aus dem Garten, statt Fleisch oft Erdnüsse. Ich glaub, ich hab schon wieder ein bis zwei Kilo angesetzt.

Daß keine Leute hier sind, stört mich weniger als die beiden, die schon seit eineinhalb Jahren so leben. Zwischen uns ist die Stimmung gut, die Kinder sind wie die zu Hause. Der Obstler gestern abend war recht scharf.


Wenn ich um 8 Uhr in der Früh noch unter meinem Moskitonetz döse und zu faul bin zum Aufstehen und wenn dann auf einmal das Kindergeschrei verstummt, dann weiß ich, daß alle beim Frühstück sitzen. Ich reib mir den Trenzerling aus den Augen (die sind ein bißchen entzunden), schlüpf unter dem Moskitonetz heraus, sing irgendein Morgenlied und setz mich zum Frühstück. Nachher werf ich mich in die Macho-Ausrüstung (Boots, Lederweste, Sturzhelm), trete zehn Mal auf den Starter, bis die kalte Maschine endlich anspringt, hol mir noch den Rucksack mit dem Reparaturwerkzeug und dem Verbandzeug und dann, bei der Fahrt durch den ersten Sandhaufen, wache ich endlich auf. Bis ich meinen Spezl abgeholt habe, bin ich um eine halbe Stunde zu spät dran und er ist wieder heimgegangen. So warte jetzt ich eine halbe Stunde, dann kommt er ohne Schuhe und ich warte wieder und komme langsam in Streß, weil nichts weitergeht. Oder, eine andere Version: Ich komme dorthin, wo ich recherchieren will und die Leute sagen mir, daß sie alle heute zum Begräbnis müssen und morgen wieder da sind. Oder, daß wir statt zu arbeiten irgendwohin fahren sollen, um einen Ochsen zu kaufen und dann ist der Ochsenmann nicht zu Hause und wir dürfen am Nachmittag wieder kommen. Es gibt tausend Varianten, wie alles anders gehen kann. Well, that's life on the wild side.

*Dieser Brief ist die einzige schriftliche Aufzeichnung, die mir von diesen Arbeitsaufenthalten in Sambia geblieben ist. Diese gehörten zu meinen eindrucksvollsten Reisen, deshalb sollten sie in diesem Buch zumindest am Rand erwähnt sein. Ein paar Erinnerungsfetzen möchte ich noch hinzufügen:*

*Fast jeden Abend ertönte aus einem der umliegenden Dörfer stundenlanges Trommeln, wenn dort eine Heilungszeremonie stattfand. Mein Gastgeber Gerhard erzählte, wie sich bei solchen Zeremonien die TeilnehmerInnen in Trance Feuerglut ins Gesicht rieben, um dann am nächsten Tag wieder gesund auf dem Feld zu arbeiten. Ein anderer europäischer Besucher berichtete, dass er als zufälliger Anwesender bei so einer Zeremonie in einen ungewollten psychischen Zustand geriet und sich nur schwer davon lösen konnte.*

Einen besonderen Eindruck machte auf mich meine Antrittsaudienz beim Paramount Chief Mpezeni (der Ranghöchste des Volkes der Angoni). Er saß auf einem leopardenfellbehangenen Stuhl und ich konnte mit ihm nur indirekt über einen Boten kommunizieren, der, sich auf dem Boden bewegend, vom Chief zu mir und von mir zum Chief die Nachrichten überbrachte. Das geschah bei meiner ersten solchen Reise, einige Jahre vor der hier beschriebenen.

Zu diesen Reisen gehörten auch immer wieder abenteuerliche Begegnungen mit Schlangen, von denen einmal eine besonders giftige Boomslang mich in meiner Arbeitshütte einsperrte, weil sie sich auf der Lehne eines Stuhls breitgemacht hatte, der gegen die Tür gelehnt war. Noch Wochen nach meiner Rückkehr reagierte ich auf alles, was auf dem Boden liegend nur entfernt wie eine Schlange aussah – z.B. ein Stück Schnur – mit einem Zurückweichen.

Einer dieser kartographischen Arbeitsaufenthalte stand unter einem besonders ungünstigen Stern: Weil aus dem bürgerkriegsgeplagten Nachbarland Moçambique Kämpfergruppen über die Grenze kamen, wollte mir das Militär keine Genehmigung zur Landkartenaufnahme geben. Ich saß zwischen zwei Stühlen: einem Arbeitsauftrag aus Österreich und einem Militär, das mich das nicht tun lassen wollte. Ich entschied mich, einen lokalen Mitarbeiter in die

Dörfer zu schicken, seine Beobachtungen am Abend mit ihm zu besprechen (was einen Lernprozess in interkultureller Kommunikation in Gang setzte) und so, mit Luftbildern und bestehenden Landkarten meine eigenen Karten zu zeichnen, immer in der Angst, dass uns das Militär erwischen könnte. Nächtens wachte ich regelmäßig schweißgebadet auf. Nach jeweils 3-4 Tagen solcher Tätigkeit zog ich mich in eine sichere Region zurück und zeichnete dort meine Karte. Zum Schluss zerschnitt ich die Karte in kleine Stücke und brachte sie so über die Grenze.

Ein Mann, man kennt ihn nicht, tut was,
und keiner weiß nicht, was er will.
Sucht er den -Schlüssel? Hat er Gicht?
Mann oder Frau weiß es nicht.
Er gräbt ein Loch – will er hinein?
Setzt er dort ein Bäumelein?
Jetzt steht er auf und rennt davon-
hat er was ins Loch geton?
Hinten dort am Horizont
legt er sich wieder auf den Bauch.
Was macht er jetzt? Ein neues Loch?
Nichts als Blödsinn im Kopf, die Alten,
heutzutage.

# NACHWORT

Was ist aus all den Leuten geworden?

Von den in den Tagebüchern genannten Freundinnen und Freunden hatte ich mit etlichen nur in jener Zeit zu tun, oft nur kurzfristig. Das betrifft insbesondere die Schilehrerzeit. Einige der Beziehungen sind aber bis heute geblieben. Christian (Amerikareise) treffe ich gelegentlich, wenn er nach Österreich kommt, er lebt in den USA. Mit Michel und Vroni (Sudanreise) war ich in der Folge noch einige Jahre eng verbunden, dann sind sie von meiner Bildfläche verschwunden. Mit Monique (Kuba und Provence) habe ich seither keinen Kontakt mehr, Francoise (Sudan und Provence) hat inzwischen eine zweite Tochter und einen Mann, sie lebt noch immer in Nizza und alle paar Jahre sehen wir uns. Norbert (Kuba und Indonesien) treffe ich recht oft, obwohl er eigentlich in Brasilien lebt. Und meine Schwester Annemie lebt in Vermont in den USA, wir besuchen einander so oft es geht und telefonieren viel. Mein Neffe Marcel, den ich als Baby kennengelernt habe, ist einer meiner engsten Freunde geworden.

Und ich selbst? Das Reisen ist mir immer wichtig

geblieben, als Geographielehrer hatte ich die Möglichkeit, meine Schüler mit meinen Erlebnissen zu unterhalten. In einigen Entwicklungshilfeeinsätzen konnte ich Menschen in verschieden Ländern als Freunde kennenlernen. Die Bilder in diesem Buch waren die ersten Schritte in meiner bescheidenen Karriere als Maler und Illustrator. Mein Beziehungsleben hat sich bald stabilisiert, inzwischen bin ich seit fast 40 Jahren mit meiner Frau Traude zusammen. Meine Kinder sind erwachsen und eine Freude, meine vier Enkel halten mich auf Trab. Mein Weingarten steht wunderschön da und der heurige Wein ist der beste, den ich je gemacht habe.

November 2021

Weiters sind von Hans Bednar erschienen:

Rombo – Schon wieder nicht aufgepaßt. Cartoons. Promedia, Wien 1988

Rombo – Das Bild, das dem CIA noch fehlt. Cartoons. Eigenverlag, 1990

Südheide. Das namenlose Wunderland vor den Toren Wiens. Gemeinsam mit Kim Meyer-Cech. Mandelbaum, Wien 2003

Süden, Sonne, Herzstation. Eigenverlag, BoD 2011

Am Wasser. Aquarelle. Eigenverlag. Miniauflage 2019

Wände. Aquarelle. Eigenverlag. Miniauflage 2019

Wein und Oliven. Aquarelle. Eigenverlag. Miniauflage 2019

Bücher, die im Buchhandel nicht erhältlich sind, können über den Autor bezogen werden.

hans.bed@aon.at

## Buchillustrationen von Hans Bednar:

Soziales, erfahrungsorientiertes Lernen. Diem-Wille, Gertrud u.a. ÖBV, Wien 1987

Sprache und Macht - Sprache und Poltik. Diem-Wille, G. u.a. ÖBV Wien 1989

Das Haus in einer anderen Zeit. Lenz, Brigitte. 2000

Great Groups. Hutchinson, David. SAGE, Los Angeles 2017

Up a Creek with a Paddle. Lowen, James. PM Press, Oakland 2020